2

Franc Furland

Chemtraili so nad nami

Zgodba o razkrivanju prikrite resnice o globalnem zločinu s kemijo v atmosferi

1. del

Roman

Ljubljana, november 2011.

Chemtraili še vedno tudi na čudovitem nebu velike nacije.

Knjigo posvečam vsem tistim, ki se v Sloveniji (zaenkrat še žal neuspešno) borijo proti onim, ki stojijo za uspešnim uničevanjem Zemljanov z ameriškim strupom z neba.

Blaž Babič: »Torej spet nisi naredil čisto nič. Nič, ki ga napihuješ do neba. Beda od bede.«

Če sem v knjigi morda komu zakril identiteto, sem to storil tudi samo zaradi tega, ker si to vsaj malo zasluži.

Mišo Alkalaj: »To nima nič zveze s tem, kaj je v izpuhu, kaj je v sledi. Na sled vplivajo vlažnost, temperatura in veter – to je to.«

Branko Gregorčič: »Čudak sem bil že v mladosti.«

Umetnikom za fotografskimi objektivi se zgolj prisrčno zahvaljujem, saj gre za dober namen. Sicer je pri moji izbiri slik, pred kakovostjo (ločljivostjo), dobila prednost njihova vsebina. Saj, včasih ena slika pove več kot tisoč besed...

Tihožitje v Benetkah.

Ernest Hemingway: "Pameten človek se ga mora kdaj pa kdaj napiti, da lahko vzdrži med bedaki, ki ga obkrožajo."

Vsak ameriški predsednik, vsaj od Lyndona B. Johnsona v letu 1965, je dobival poročila o spreminjanju podnebja z omembami geoinženiringa.

Ni za verjeti, a tudi na domačih internetnih straneh se da kdaj pa kdaj odkriti kaj pametnega. Denimo to, kar je Blaž Babič na MMC RTV Slovenija Forumu »poobjavil« 17. maja 2011, in kar sem sam odkril še istega dne, takoj po tistem, ko sem, okrog kosila, v Googlov iskalni niz odtipkal najbolj osovraženo besedo »chemtrail«.

Chemtrails – kemične sledi, kemični repi.

»Delo, 16. maj 2011, Pisma bralcev

Čebel ne morijo slovenski kmetje, ampak ameriški strup z neba

Po vseh minulih brezštevilnih novinarskih prispevkih na temo pomorov čebel, v osrednjem slovenskem dnevniku, nazadnje v četrtek 12. maja (članek in komentar), moram vendarle prekršiti svoje pravilo, da s slovenskimi mediji več ne bom zapravljal časa. Kaj hočem drugega, ko pa v tej državi ni prav nobenega raziskovalnega novinarja več, ki bi se bil pripravljen podati v odkrivanje najdaljšega Demoklejevega meča, ki visi nad sodobnim svetom, in ki je zagotovo kriv tudi za praznjenje čebelnjakov - pa ne samo v Pomurju, ampak po vsej Sloveniji (moj sosed je to preživel že pred leti) in, seveda, svetu.

Čeravno v zvezi s tem tudi kmetje s svojo kemijo niso povsem nedolžni, pa so glavni krivci vendarle kemični repi oziroma chemtraili, ki so v zadnjih najmanj desetih letih največja nevarnost za ves živelj tudi v naši državi. Samo malce volje uredništev bi bilo treba - te seveda ni kaj prida niti v medijskih hišah drugod po svetu - pa bi bili Slovenci obveščeni tudi o največji nevarnosti za ljudi, ne samo za nabiralke medu, tako pa sem do zdaj o njej lahko v slovenskem tisku prebral le v dveh mesečnikih s t. i. mejnih področij. Informacij o chemtrailih je seveda na tone tudi na spletu, ampak ne na Facebooku ali Twiterju...

Torej, zelo na kratko o tem, zakaj sem lahko že naslednje jutro na nebu občudoval nenavadne oblake, čeravno je večer prej Katja vsaj za dopoldne napovedala povsem jasno vreme

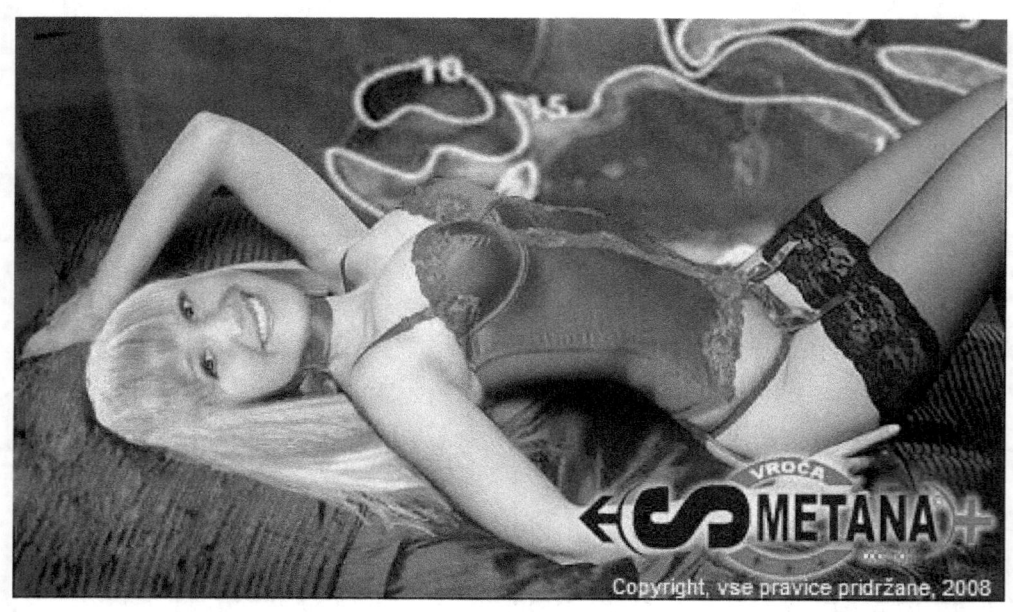

Katja Jevšek; njena je najbrž zgolj glava, a vsekakor blaži chemtraile.

V ta namen bom denimo povzel kar del zapisa z www.skrivnosti-sveta.com: "Chemtraili ali kemični repi so neobičajne sledi za neidentificiranimi reaktivnimi letali, ki po analizah neodvisnih raziskovalcev vsebujejo škodljive snovi za človekovo zdravje in okolje. Gre za kemične snovi v koncentracijah, ki daleč presegajo dovoljene, pa tudi z genetskim inženiringom pridobljene biološke agense, ki naj bi omogočali manipuliranje z DNK. Chemtraili tvorijo umetne »oblake«, ki naj bi prav tako omogočali manipulacijo z vremenom. Operacija razprševanja chemtrailov oziroma aerosolov, razpršenih kovinskih delcev, je globalna in že nekaj časa intenzivno poteka tudi v Sloveniji. Ko vidimo letalo, ki brizga to tekočino, ostaja za njim bela sled, ki pa se za razliko od navadnih letalskih kondenzov ne zmanjša in tudi takoj ne izgine. Po intenzivnem škropljenju kemikalij postane nebo belo, kar je posledica razpršenega prahu aluminija, pa tudi zbranih kapljic kondenza, ki so primešane chemtrail tekočini. Poleg aluminija, ki negativno vpliva na živčni sistem in na daljši rok povzroča Alzheimerjevo bolezen, tozadevni koktajl med drugim vsebuje barij, brom, polimere, LSD ter druge za zdravje ljudi, živali in rastlin nevarne snovi ..." Pa tudi: "V Sloveniji je opaženo zmanjševanje čebel ravno v teh letih, ko nad njo poteka najbolj intenzivno škropljenje neba. To ni naključje. Čebele namreč iz cvetov posrkajo tudi vse padle strupe, kar nato nanje negativno vpliva in jih vodi v smrt. Aluminij in barij poškodujeta njihov občutljiv živčni sistem..."

Chemtraili so kranjske sivke že pomorili, Kranjce pa še bodo.

Ko sem sam v drugi polovici 90-ih ugotovil, da pogosto sledi za letali več ne izginjajo, sem si zadevo dal pojasniti pri nekdanjih sošolcih z vojaške akademije v Beogradu. Tako sem se srečal s tem ameriškim vojaškim spreminjanjem vremena in števila prebivalcev Zemlje, ki ga opravičujejo s preprečevanjem globalnega segrevanja, ki je itak larifari. No, v vseh minulih letih je pridnost letal s chemtraili, ki na slovensko nebo (ki ga sicer »ščitijo« italijanska vojaška letala - Slovenci premoremo seveda slabša od onih, ki jih je imel Hitler pred letom 1939) priletijo na višini kakšnih 6.000 metrov z vojaških delov italijanskih letališč, že na prvi pogled učinkovala v tolikšni meri, da prav nikoli več ni mogoče uzreti povsem čistega neba, ki je včasih obstajalo tudi v temnomodri različici, in ki sem si ga ohranil le še na fotografijah izpred leta 1999...

V glavnem torej gre za intenziven potek le še enega ameriškega vojaškega poltajnega projekta, financiranega s strani velekapitala, ki vodi k nepredstavljivim posledicam. Potiskanje glave v pesek ali pač neumevanje stvari tudi tako imenovanih slovenskih strokovnjakov s področja meteorologije, ki ne prepoznajo več niti oblik oblakov, ekologov, ki iščejo PVC vrečke po grmovju, medtem pa jim na glave stresajo na tone strupa, katerega nato zaužijejo v takšni ali drugačni obliki, poslancev, ki ne povprašajo naše vlade, zakaj dovoli pršenje strupov v našem zračnem prostoru (no, to jo je storila peščica navadnih državljanov, pa odgovora ni bilo)...?

Smrt z neba.

Če kdo, bo zadevo morda, morda ustavila ravno javnost ZDA, ampak takrat bo že prepozno, saj je vse skupaj kapitalsko-vojaški oligarhiji brzčas že ušlo z vajeti. Sicer pa, kaj je že o koncu čebel in ljudi zapisal Einstein? Pa tudi leto 2012 je že naslednje...

Franc Furland, univ. dipl. obrambosl., Ljubno ob Savinji«

Ne, za Obamo ni nebo s chemtraili, ampak »Air Force One«.

Babič je pod to še napisal: *»Naj dodam le pripombo, da vam je na voljo skupina proti kemičnim sledem (chemtrailom) na fb-ju in deluje povsem dobro - saj je opravila večino dela, ki ga pisec pisma omenja.«*

No, sam nisem bil nad pismom bralca, ki sem ga kot novinarja spremljal že skoraj dve desetletji (čeravno sem včasih tudi jaz spadal med tiste sila redke žurnaliste, ki ne berejo niti svojih člankov) v brezbroj slovenskih edicijah, zlasti gospodarskih, posebej navdušen. Njegov izdelek je namreč pričal, da ga je spisal v petih minutah, brez da bi vsaj prebral za sabo, očitno računajoč, da bodo zadevo spravili v red lektorji osrednjega slovenskega dnevnika, čeravno je vedel, da niso kaj prida (z izjemo Milojke Mansoor, če je na Delu sploh zdržala), tako kot tudi ne tamkajšnji novinarji. Je pač očitno ocenjeval, da gre le za še eno njegovo Sizifovo delo, ki bo rezultiralo v neobjavi, četudi pa bi bilo natisnjeno, bo brez odziva. V glavnem je bil njegov pesimizem kar na mestu, saj daje v naši državi nasprotovanje chemtrailom neprimeno slabše rezultate, kot v Andaluziji boj z mlini na veter…

Brez dodatnih besed.

Tudi tisto njegovo namigovanje okrog Facebooka in Twiterja ravno ne drži, zlasti prvega, saj je o chemtrailih tudi na tem socialnem omrežju, možno veliko prebrati in videti, o tistih na našem nebu zlasti po zaslugi Babiča in peščice ostalih poštenjakov. Tozadevni Furlandov lapsus sem razumel bolj ko ne figurativno, poznavajoč njegov negativni odnos do modernih elektronskih cocacolastih povezovanj (zato brzčas tudi ni odkril Babičeve poobjave njegovega pisma na FB še istega dne, ko je bil objavljen v Delu). Sicer pa mi je bilo v tem pismu všeč zlasti to, da si znanja s področja chemtrailov pisec ni prisvojil, kot da mu je ravno včeraj zraslo na zelniku, in kot to običajno počnejo t. i. slovenski novinarji, ampak je v ta namen pošteno uporabil čarobno moč narekovajev.

Kakor koli že, sam sem se, na žalost, s tem največjim napadom na človeštvo, srečal že veliko let pred 2011-im, ampak začel bom vendarle bližje mojemu spominu…

Prvo poglavje

Italija

Chemtraili nad Benetkami, 7. april 2011.

»Beži, Fabricio, bedaki bodo streljali! Ne čakaj! Ne stoj! Beži!«

Vpil sem v zanikrnem koktajlu italijanščine in angleščine, kolikor sem le mogel izvleči glasu iz svojega še vedno nekoliko pijanega gobca.

Istočasno sem v zmedeni podzavesti preklinjal samega sebe, ker sem prijatelja spustil tako blizu ograje, pa tudi, ker nisem imel s sabo Crvene Zastave M70 7,65 milimetrov. Niti malo namreč ne bi okleval in na tri zamaskirane varnostnike ali kar koli so že bili, že odprl ogenj iz svoje zanesljive stare pištole. No, tako polpijan kot sem bil, ne bi najverjetneje s kroglo nobenega niti ne oplazil, ampak bi prasce vsaj

16

prestrašil, da ne bi več tako suvereno stali okrog ubogega Fabricija in merili vanj s svojimi avtomati. Saj ne, da bi vedel, da bodo streljali. Ker, seveda, nisem prerok. To sem čutil kot žival, kot pijana žival, kar sem bil še pred slabimi štirimi urami.

Ni bolj počilo kot pri odpiranju steklenice šampanjca, ki ga pravzaprav sploh ne maram. Če bi avtomatska pištola, ki je bila očitno nastavljena na posamično streljanje, na cev ne imela privitega dušilca, bi se v razdalji teh slabih sto metrov do mene, strel slišal v zgodnjem jutru kot se mora. Kot grozen pok, ki nekomu vzame življenje. Seveda nisem vedel, da je Fabricio mrtev. To sem začutil, ko sem ga videl pasti v shojeno in izvoženo travo, nekaj metrov od žičnate ograje letališča.

»Prekleto! Prekleto! Prekleto,« sem psoval skozi stisnjene zobe.

»A je bilo treba te preklete norosti? Ubogi fant!«

Če bi mi vsaj možgani delovali, kot je treba. Tako pa sem, še vedno v objemu alkohola, ležal tam, na lučaj od ograje v visoki mokri travi, na samem stiku z zemljo, pobruhani z mojo krvjo, brez možnosti pomagati človeku, ki sem ga spoznal pred manj kot 24-imi urami. Kako mu pomagati, ko pa še sebi ne morem? Šele zdaj me je namreč prešinilo spoznanje, da sem zdaj na vrsti sam. Povsem brez preživetvenega nagona, kar se mi običajno dogaja, ko me zapušča alkohol, sem kar obmiroval. Če bi bil trezen ali povsem pijan, bi se verjetno boril za življenje, tako pa sem kar čakal, da pridejo pome. Saj so me vendarle slišali, ko sem se prej drl kot jesihar.

Boljše bi se bilo zapiti s takšnole...

A minuta – dve, ki sta se vlekli kot uri, sta minili, nič pa ni kazalo, da
se zamaskiranci nameravajo napotiti v moji smeri. Res, da so se
skorajda panično ogledovali okrog sebe, vpili – preklinjali v mešanici
slovenščine, srbščine in italijanščine, kakor smo pač vajeni Slovenci,
in krilili z rokami, a počeli so nekaj povsem drugega. Dva sta telo
mojega še ne enodnevnega prijatelja prijela za roki in povlekla z
nogami po tleh proti vratni niši v mreži, tretji je s tal pobral njegovo
kamero in torbico, pa so že izginili za ograjo. Odprtina se je zaprla in
vse je izgledalo, kot da se pravkar ni zgodilo nekaj strašnega. Kot da
se ni nič pripetilo! Nisem mogel verjeti svojim očem, ki so še naprej
buljile v tisto prekleto ograjo, še vso sivo v preranem jutru...

Toda, bilo je res, da Fabricijevih morilcev nisem zanimal. Zadevo sem
si takoj raztolmačil s tem, da, medtem ko so dobivali navodila prek
slušalk v ušesih in si drli ukaze med sabo, enostavno niso slišali
mojega vpitja. Končno je prišla do izaza tudi prednost mojega dokaj
šibkega glasu, ki mi je bil sicer v letih, ko sem nosil uniformo
Jugoslovanske ljudske armade skorajda ena večjih težav. Sicer pa
pravzaprav nikoli nisem imel nobenih pevskih ambicij, čeravno sem v
prvi polovici osemdesetih pel drugi glas v uspešnem zboru dijakov

Vojaške gimnazije »Franc Rozman – Stane«, pa konec koncev tudi nisem bil povsem brez posluha…

Ograja beneškega letališča.

Kaj mi je za ukreniti? V tem travnatem skrivališču sem se moral čimprej zbrati, saj mi je bilo povsem jasno, da se je najpametneje čimprej pobrati iz okolice letališča. Zbral sem torej preostale moči, se obrnil in po *»pešadijski odpuzal«* skozi vse višjo travo v smer, iz katere sva prej prišla. Drugam tudi nisem mogel, saj se je letališka ograja vlekla po mojem celotnem vidnem polju na jugu, onstran parkiranih letal, zgradb in pist pa je bilo morje.

Čez cesto vendarle ni pametno po vseh štirih,niti na prehodu za pešce.

Po nekaj sto metrih sem se dvignil in nadaljeval umikanje sklonjen v napol čepečem položaju. Približno s takšno previdnostjo sem napredoval vso preostalo pot, vse dokler se, po nekaj sto metrih in kakšnih petnajstih minutah neprijetne poti, nisem dokopal bližine ceste. Zdaj sem pač moral reskirati, zatorej sem se zravnal in preostale metre do ceste prehodil, kot da se ni nič pripetilo. Po temeljitem razmisleku, kolikor ga je pač bila sposobna moja, šele napol trezna glava, se mi v hotelu ni več zdelo pametno kazati. In tudi, zakaj? Zahvaljeval sem se svoji včerajšnji pameti, da sem Alfo parkiral na Tronchettu. Kot edini možni izhod iz mojega trenutnega položaja, se mi je bilo odpeljati v središče mesta in se za nekaj časa skriti med turisti. Toda, zdaj sem bil od Markovega trga na jugu oddaljen najmanj osem kilometrov.

Vedel sem sicer, da bi si lahko v hotelu organiziral prevoz, toda moral bi se oglasiti na recepciji. Že včeraj sem se pozanimal in ugotovil, da premore letališče odlične avtobusne povezave z bližnjo železniško postajo *Venezia Mestre* in avtobusno postajo na *Piazzale Roma*. Če bi se bilo pametno prikazati pred samim letališkim terminalom, bi se lahko ob 5,40 uri z avtobusom številka pet že odpeljal iz trenutno zame najnevarnejšega okolja in ob šesti uri že "skril" v varnem objemu beneške lagune...

Toda, v trenutnem položaju je ta najenostavnejša vožnja za poltretji evro odpadla. Ker tudi ni bilo pametno hoditi peš ob robu ceste, ki vodi v mesto, sem se vendarle odločil malce pogledati v okolici hotela, ali je morda na voljo kakšen taksi. Zdaj konec koncev šele zapirajo bar, in kolikor sem videl ponoči, bo brzčas marsikdo potreboval voznika. In, premogel sem srečo, saj je, kmalu po tistem, ko sem malce postal v zavetju dreves, resnično prispel željeni avtomobil. Pripeljal je par s kar nekaj kovčki, in ko se je oddaljil, sem pristopil k vozilu.

"Naturalmente! Per favore!" Okrogel taksist je kar zasijal, saj je takoj dobil plačano vožnjo tudi za nazaj v mesto. S težavo sem se torej zbasal na udobni zadnji sedež Alfe 159, poprosil za vožnjo na *Piazzale Roma*, in se zaprl vase, čeravno je šofer poskušal navezati pogovor. Čim manj kontaktov! In, nikakor ne takoj na Tronchetto! Avtobusna postaja, z rednimi linijami na vse konce in kraje Italije ter dlje, se mi je seveda zdela najboljša izbira, ki bo morebitnim slednikom zmešala štrene.

Piazalle Roma.

Ko sem po desetih minutah stal na *Piazzale Roma* – prej sem taksistu odštel znižano ceno za prevoz: deset evrov – odkoder pa se z avtobusom ni dalo odpeljati ravno tja, kjer sem se hotel skriti vsaj za en dan. Seveda sem že dolgo vedel, da v "pravih" Benetkah ni niti avtomobilov niti avtobusov. Ljudje tam hodijo peš ali plujejo po vodi, domačini običajno nimajo lastnih avtomobilov, če le ne delajo izven mesta. Kar sem že do zdaj spoznaval to stoletno mesto v laguni, sem to počel bodisi z javnim prevozom - potniško ladjico vaporettom - bodisi peš. Medtem ko v mnogih mestih po svetu takšne ladjice uporabljajo za romantične izlete, za Benetke predstavljajo le javni prevoz, kot običajni suhozemni mestni avtobusi, z enotnimi registrskimi tablicami, potmi, množicami na postajališčih in vstopnicami. Tako denimo tisti, ki pridejo v to znano mesto z vlakom, zagledajo znak za postajališče vodnega avtobusa takoj, ko zapustijo železniško postajo. Dejstvo torej je, da so Benetke mesto pešcev in čolnov.

Vaporetto.

Zasebni motorni čolni, svojevrstni vodni taksiji - gondole *tragghetto*, ustrezni, če je denimo nujno priti na nasprotni breg Canala Grande, so bili za moje pojme vedno predragi, še bolj pa, seveda, klasične gondole, ozki črno polakirani čolni, namenjeni za romantične plovbe po vodah lagune. Nič čudnega, saj bi sam za 70 evrov na uro pričakoval še romantično partnerko s celovito oskrbo vred.

Mokre beneške sanje vsakega normalnega moškega.

No, vse kar sem v tem trenutku petka, 20. maja 2011, potreboval za »utopitev« v Benetkah pa so bili le udobni čevlji in denar. Prve sem premogel, drugega pa toliko, kot mi je še ostalo od prejšnji teden prikockanega v Veldnu – okrog 350 evrov. Ko sem včeraj zjutraj na Fernetičih razmišljal o tem, kako jih bom na izletu zapil, nisem niti slutil, da me bodo med tem prijetnim opravilom morile tako težke skrbi, kot sem si jih nakopal pred debelo uro...

*

Bilo je okrog desete dopoldne prejšnjega dne, ko sem z avtoceste A4 zapeljal proti Tronchettu. Na tem ogromnem parkirišču, oziroma garaži na umetnem otoku, se je začel moj vsak dosedanji obisk – bili so trije-štirje – zgodovinskega mesta. Od tod sem s kakšno turistično skupino ali sam po običaju v laguno nadaljeval peš, vračal pa sem se z vaporettom, navadno bolj kot ne na od popitega alkohola šibkih niogah, a nikoli z morsko boleznijo, ki je nisem spoznal niti na daljših plovbah z ladjami Jugoslovanske vojaške mornarice po Jadranu. No, če bi denimo svojčas iz Portoroža priplul s Prince of Veniceom, bi seveda pristali v sami laguni.

Tronchetto.

Ker je tudi pri meni navada stara srajca, sem torej pred nekaj minutami zalašč ignoriral oznako za izvoz za *Airporto Venezia Marco Polo* (tudi beneško letališče je na tabli označeno z risbo letala, tako da mi tudi italijansko ni treba bog ve koliko znati) in s tem tudi Pessco parking, ki je od letališča oddaljen le tri minute vožnje. Tako sem zavestno vrgel stran kar nekaj evrov, saj velja Pesco za najcenejše parkirišče v Benetkah, pa samo tabli bi mi bilo treba slediti in, namesto da bi zavil levo na letališče, peljati še malce naprej, dokler na

desni ne bi uzrl velikih rastlinjakov in table za restavracijo in picerijo. Seveda bi naredil tako, če bi se včeraj spomnil in preko interneta opravil nujno rezervacijo, a so bili moji možagni preveč okupirani s tiskanjem internetnih vsebin in registriranjem pivskih steklenic. Pa še popust bi dobil, če bi mi – o kako po talijansko - ne bi izdali računa, ki ga sam itak za ničesar ne rabim. Nikoli mi namreč nihče ne poravnava potnih stroškov, čeravno je narava mojega dela v javnem interesu. Zlasti tokrat!

Tabla tudi za nepismene.

Kajti, pravi cilj mojega načrtovanega kratkega potovanja je bilo beneško letališče, bolje, rečeno vojaški del le-tega, ne pa igranje turista v beneški laguni. Zakaj?

*

Da imajo internetni navdušenci svetlo bodočnost tudi v Sloveniji, sem se prepričal že dan po Babičevi poobjavi tistega bralčevega pisma. Ko

mi je zaigral Liszt z mobija, sem bil ravno sredi svojega kultnega zajtrka z nekaj dni starim kruhom, Gavrilovićevo pašteto in Laškim pivom, ki se je običajno končal tako, da je na mizi prvih dveh ostalo še po tistem, ko soa se osušile že kakšne tri steklenice ali pločevinke. Že bežen pogled na mobijev display mi je dal vedeti, da me nekdo kliče iz tuje države, katere klicne številke nisem niti takoj povezal z Italijo, sem pa seveda klicatelja.

»Signore Anci? Per telefonino Fabrizio Santi, Venezia.«

Oglasil se je mojim ušesom prijazen moški glas, ki me je resnično zelo presenetil, saj, odkar se z novinarstvom praktično ne ukvarjam več, na mojo mobilno številko nihče nepoznan ne kliče niti iz Slovenije.

»Si, prego?«

Na kratko sem se odzval s polnimi usti, kar pa ni bil glavni razlog za mojo skopost besed. Saj, italijanščino prilično dobro razumem v pisani besedi, zlasti po zaslugi Komandanta Marka, Zagorja, Teksa Vilerja in še kakšnega junaka iz originalnih Bonellijevih stripov, nekoliko manj v govorjeni, sam pa težko sestavim daljši stavek z resnično pravimi italijanskimi besedami in brez vsaj treh slovničnih napak. Boljši govorec italijanščine sem po pričevanju nekaterih takrat, ko sem skoraj do nezavesti pijan, kar naj bi veljalo tudi za nemški in angleški jezik…

Če ne chemtraili, me bo predčasno pokopal pač alkohol...

Skratka, v mešanici italijanščine, angleščine in telepatije sva se s Fabricijem na dolgo in široko pomenila o zadevi, ki me je v zadnjih nekaj letih na nek način povsem obsedla, pri čemer pa nisem dobil nobene prave možnosti, da bi jo izstisnil iz sebe oziroma uspešno delil z drugimi. Seveda, govorila sva o globalnem zločinu s kemijo v atmosferi – chemtrailih, konkretneje o dogodku, ki se bo odvil v Benetkah zaradi tistega pisma v Delu.

Od Fabricija, urednika in novinarja neke zasebne italijanske televizije, sem tako izvedel, da je nedolgo tega prebral mojo knjigo Neptunov mrk *(Nettuno eclissi)*, v kateri sem razkrival najstrožjo vojaško tajnost SFRJ. In ravno to, da me zanimajo takšna »nevarna področja«, je bil glavni razlog, da me je povabil k sodelovanju pri odkrivanju pomembne drobtinice v sodobni najpomembnejši svetovni tajnosti, ki je sicer vsem na očeh – chemtrailov. Sicer sem mu takoj predlagal, da bi bil primernejša oseba za kaj takšnega Babič ali morda celo Furland, a je Fabricio vendarle vstrajal pri moji malenkosti. Češ, da me »pozna« tudi kot novinarja, ki si upa… Da bom zadevo že spravil v slovenske medije, čeravno mi je novinarstvo nehalo dišati, in da mu bom pomagal pri njegovi odddaji...

Ko sem se vdal v usodo, me je prosil, da se naslednjega dne, se pravi v četrtek 19. maja, dobiva v Benetkah. Kaj več pa, da mi bo povedal na štiri oči – za enkrat le to, da gre za tajni sestanek med visokimi osebnostmi iz Slovenije, Italije in ZDA na temo chemtrailov nad našo državo. Fabricio, ki je sumil, da mu prisluškujejo, me je prosil, naj zagotovo pridem, in da mi v nobenem primeru ne bo žal, tudi zato, ker bo »njegova« televizija plačala vse, kar bom popil in pojedel. Ah, ti televizijski nevedneži, ki ne vedo, kako malo pojem in veliko popijem! Fabriciju sem torej obljubil, da se dobiva na Markovem trgu (Kje pa drugje?), čeravno bova »imela delo« na letališču, ob treh popoldne…

No, še dobro, da sem na pomlad v tretje ponovno opravil vozniški izpit – drugič v letu 2008, prvič 1982. Pač živim v državi, ki premore še bolj bedasto in fašistično prometno zakonodajo, kot jo premorejo ZDA. Torej se bom lahko brez težav zapeljal v Italijo – tudi zato, ker sem z najnovejšim vozniškim dovoljenjem resnično odločil, da ne vozim ko pijem in obratno, pa ne zato, ker bi imel zaradi pijače med vožnjo kakšne posebne fiziološke težave, ampak izključno zaradi slovenskih policajev in kazni…

Malce sem sicer že razmišljal o tem, da bi se v Benetke peljal kar z vlakom, saj tja iz Ljubljane peljeta dve ali tri kompozicije na dan, vožnja pa traja slabe štiri ure. V končni fazi pa sem se vseeno odločil za svojo staro Alfo 155, ki sem jo ob drugem odvzemu vozniškega dovoljenja zamenjal za prejšnjo prestižno 166-ko (naši policaji namreč že nekaj časa v primeru, ko voznik nima vozniškega dovoljenja, zasegajo tudi avtomobile), in ki sem si jo namenil, po tistem ko se je izkazala za zelo zanesljivo, zadržati do njenega konca.

Dobre volje zaradi nenačrtovanega izleta, pa tudi še vedno zaradi tega, ker sem pred nekaj dnevi v Vrbi na Vrbskem jezeru prikockal okrog tisoč evrov, sem se sprehodil po Ljubljani. Dodatno veselje mi je dalo modro nebo nad mano – brez chemtrailov že kar dva dni, za kar sem si upal trditi, da je bilo »krivo« pismo bralca v Delu – in cela parada pivskih steklenic do poznega večera.

Zjutraj sem se zbudil kar prezgodaj – pa ne zaradi potovalne vročice, ampak žeje vsled dehidracije, ki jo povzroča alkohol. Izjemoma sem spil le pol litra mehurčkov, oblekel srajco s kratkimi rokavi in leviske, v potovalno torbo zložil rezervno perilo, srajco, kavbojke ter še ene hlače na črto in suknjič – če bo na moji poti kakšna igralnica - in zapeljal na avtocesto proti zahodu in Sežani. Po kakšnih 250-ih kilometrih in poltretji uri sem uzrl tablo za Tronchetto.

*

Tronchetto s kopnega.

Alfo sem torej zapeljal proti Tronchettu, garažni hiši, ki naj bi ponujala najboljše razmerje med udobjem in mojim gospodarstvom. Zanjo sem se odločil tudi zato, saj najbolj verjetno premore prosta parkirna mesta, zagotovo bolj od denimo še dražje zasebne garaže na *Piazzale Roma* v središču mesta. Že dolgo sem tudi vedel, da je veliko parkirišče na umetnem otoku, v Benetkah tudi edina izbira za parkiranje avtodoma.

Na licu mesta sem se odločil za parkiranje pod milim nebom, namesto v pokriti garaži, saj mi je dnevna postavka v višini 16 evrov vendarle bolj prijazna od 21-ih evrov ali več za »VIP parkiranje«. Saj, brzčas ne bo toče, pa tudi 155-ke ne bo šel krast nihče v Italiji. Še dobro, da sem imel ravno prav tudi kovancev, saj morda italijanske avtomatske blagajne denarja ne vračajo, čeravno tako na njih piše. Postavil sem torej Alfo na sredino polpraznega parkirišče (na srečo ni šlo za vikend ali visoko turistično sezono, ko so za prazna mesta zaželjene e-rezervacije), menjalnik pustil v prestavi, saj sem pred kratkem strgal žico ročne zavore in jo zaklenil. Saj mi ni bilo treba, kot denimo v *Garage San Marco* na *Piazzale Roma*, pustiti ključev v avtomobilu. Sicer pa si slednjega ne znam predstavljati...

Od Tronchetta te usmerijo.

Na poti do postaje vaporetta, sem se malce sprehodil med stojnicami s spominki, namenjenimi zlasti množicam s turističnih avtobusov. Ob eni izmed priložnosti sem na eni izmed njih kupil čisto spodoben nahrbtnik za prijateljico, čeravno tudi tu prevladujejo plastične karnevalske maske, izdelane na Kitajskem. Imel sem srečo s prevozom, in ko sem čez dobre pol ure sestopal z vaporetta št. 2 (se mi je zdelo, da je šlo ob mojem zadnjem obisku za številko 82) na *Piazzi S. Marco*, sem imel do sestanka s Fabricijem še štiri ure naskoka...

»Pristanišče« Piazza San Marco.

Ker sem bil že pošteno potreben pijače, se nisem dolgo motovilil po Markovem trgu - kjer sem bil nazadnje na nekem karnevalu pred leti tudi sam priča takšni pijanosti, da je mularija v tolikšnem drenu, da ni bilo kam stopiti, bruhala dobesedno navpično v zrak - sem poiskal mirno uličico in, kot sem upal, cenejši buffet. Ob nekaj pivih se je tako počasi nabralo tudi kar nekaj viskijev in, ko je bilo treba na dogovorjeno mesto ob Doževi palači, sem bil že kar malce okajen. Toda, kljub temu sem takoj prepoznal Fabricija, ki je bil, na moje poznavanje italijanske točnosti, na veliko začudenje že tam. Temen fant, okrog 25-ih manjše postave, se mi je takoj zarežal in že ob prvem vtisu sva bila na isti valovni dolžini. Sicer pa na pogled nasprotji, saj sem s svojimi približnimi 180-imi centimetri in pepelom v laseh bolj nordijskega tipa.

Glede na to, da je bral Neptunov mrk in je vedel, da sem pijanec, me je seveda najprej povabil v neko že na prvi pogled dražjo zadevo od mojega prejšnjega bifeja, kjer poleg pijače ali zlasti strežejo hrano. V *il restorannte* je nato insistiral, da sem se podpisal pod neko hišno specialiteto, ki ji je pripadala tudi steklenica izbranega vina. No, po jedi je, zlasti zame, naročil še eno, pa, se mi je zdelo, dva piva… Sam je pil zmerno, če ne že kar po ptičje, kar pa me ni prav nič motilo, saj je tako ostalo več zame. Pa še na račun njegove televizije je bilo.

Če človeku ni treba gledati na ceno pijače.

»Anci, če verjameš ali ne, je bilo tisto pismo v vašem dnevniku res tako pomembno, da je začasno zaustavilo pršenje chemtrailov nad vašo državo, kar pa seveda ne pomeni, da nas, Italijane, še naprej ne zalivajo s strupom. Veš, že dan po objavi je menda prišlo med vašimi, našimi in ameriškimi oblastmi do dogovora, da zadevo nad Slovenijo za kratek čas zaustavijo. In, kot sem izvedel, zgolj zato, da bodo vaše voditelje prepričali o nujnosti izvajanja chemtrailov. Ne morem verjeti, ampak izgleda res drži, da vaša oblast o chemtrailih resnično ni imela pojma, in da jim je šele tisto pismo odprlo odči. To pa seveda nič ne pomeni, saj sem prepričan, da bo velekapital poskrbel, da tudi v bodoče ne bodo imeli nič proti, da na Slovence zlivajo na tisoče ton strupa,« mi je razlagal Fabricio, pa še:

»Dobil sem informacijo, da se bo jutri zjutraj na letališču Marco Polo odvil skrivni sestanek med vašimi, našimi in ameriškimi predstavniki, ki odločajo o tem, ali bodo chemtraili nad Slovenijo ali ne. Kdo so naši in ameriški pogajalci, približno vem, za vaše pa ne. In to bova mida jutri zgodaj odkrila!«

V tistih dveh urah, ki sva jih odsedela v tisti restavraciji, mi je moj novi prijatelj pojasnil, kako poteka neuspešen boj proti chemtrailom v Italiji – kjer sicer zanje, za razliko od Slovenije, vedo tudi »navadni« državljani (pri nas do nedavnega niso niti politiki), a se vseeno nič ne premakne, saj je njegova država še naprej servilna do ZDA (tako kot moja) - in kup drugih dragocenih spoznanj s področja chemtrailov. Nadalje sem izvedel, da namerava z enournim televizijskim prispevkom prikazati polivanje s strupi Slovenije z letali, ki vzletajo z italijanskih letališč. V dokumentarcu pa bo imel odločilno mesto ravno predstoječi tajni sestanek na visokem nivoju. Mene je v oddaji določil kot komentatorja chemtrail-situacije v Sloveniji in ozadja, v katerem igrajo slovenski udeleženci pričakovanega sestanka. Za sodelovanje naj bi dobil tudi honorar – sem si mislil: če bo ga še kaj ostalo po mojem zapitku, tako da sem se, konec koncev že dokaj pijan, s Fabricijem v vsem strinjal.

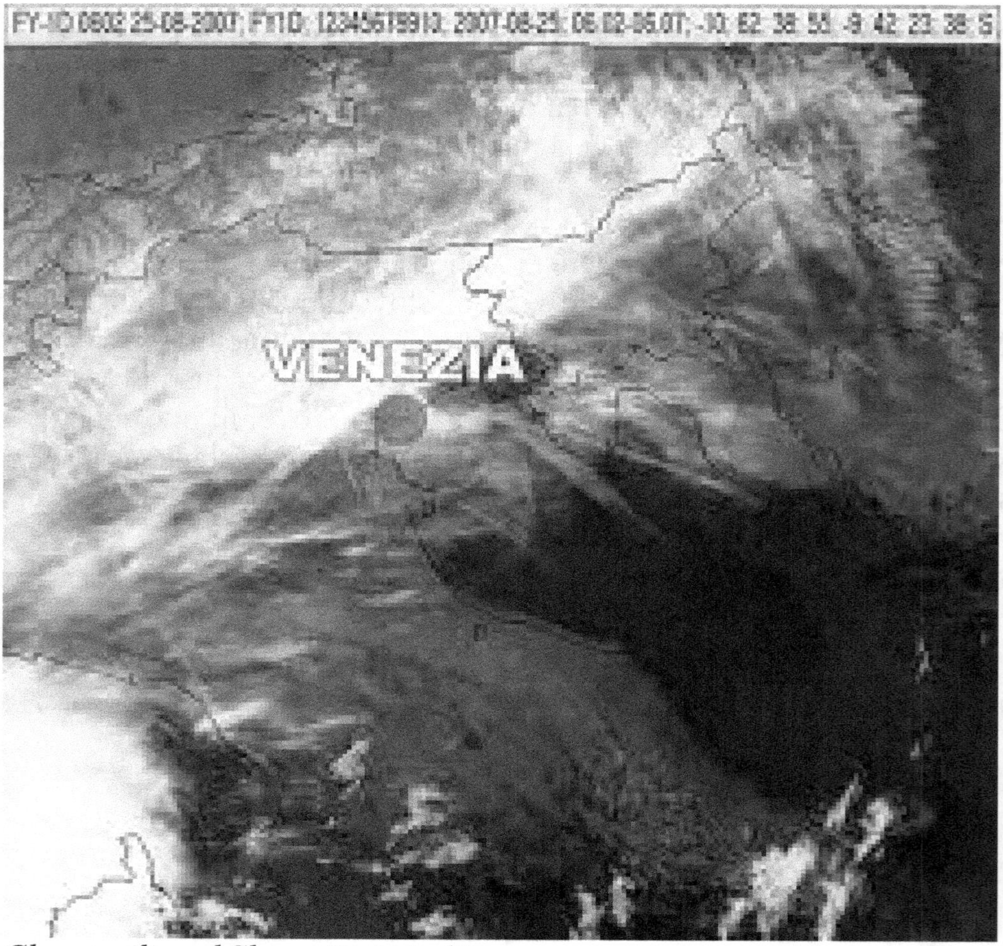

Chemtraili nad Slovenijo iz Italije.

Ko je poravnal račun v dragi rastavraciji, se mi je Fabricio namenil razkazati še nekaj njegovih priljubljenih buffetov, v katerih je nato v moje grlo zginilo po kakšno pivo, viski in hišni šnops. Tako sem bil tam nekje okrog 17. ure, ko sva se na San Marcu vkrcala v vaporetto (oranžne linije) za letališče, ki se je vmes ustavil še na Rialtu, že po vseh predpisih pijan in zadovoljen, da sem spoznal tako zabavnega človeka, kot je bil Fabricio.

Ko sem zagledal terminal Marca Pola, sem bil, kljub temu, da sem ga videl že dokaj zamegljeno, kar pristno navdušen nad impozantno zgradbo, odprto leta 2002. Fabricio me je nato popeljal skozi pritličje, namenjeno prihodom in prvo nadstropje za odhode, v tretjem pa nisva imela kaj početi, saj se v njem nahajajo pisarne letališča in letalskih družb. Sam sem opazil, da je to letališče precej bolj prometno kot naš Brnik, pa tudi bolj svetovljansko, kako tudi ne, saj je z njega mogoče s čarterjem poleteti vse do ZDA.

Vhod v letališki terminal.

Kot nekdanji gospodarski novinar nisem prečul Fabricijevega podatka, da *Aeroporto de Venezia Marco Polo* (tako kot manjše letališče Treviso (Trbiž), ki je namenjeno zlasti nizkocenovnim letalskim prevoznikom) upravlja Save SpA, podjetje, delno v lasti lokalnih organov, katerega delnice kotirajo an Borsa Italiana. In, da je, s slabimi sedmimi milijoni potnikov v letu 2010, veljalo za peto po velikosti italijansko letališče.

V enem izmed letaliških bifejev sem spil še dva piva, nakar mi je novi prijatelj predlagal, da se peš sprehodiva še tistih 500 metrov do Park Hotela Annia, ki se resnično nahaja v strateškem položaju za potovanje, poslovanje in užitek, kjer Fabricia na recepciji čaka snemalna opream, in kjer bova v baru počakala do jutra. Ker ta še ni bi odprt, sva se vsedla v restavracijo, kjer sem bil deležen še nadaljnjega predavanja o chemtrailih v Italiji. Ni bilo slabo, saj sem med tem požrl skoraj za zaboj piva, kar je imelo za posledico to, da sem bil v trenutku, ko me je Fabricio spomnil na bar, skoraj že do konca pijan. Sicer pa kar nisem mogel verjeti, da je moj stari Jacques Lemans pritiktakal že do 23. ure.

Park Hotel Annia.

V baru se je moje pitje nadaljevalo. Pivo z viskijem za pivom z viskijem, na Fabricijev račun. Sam sem tekočino le še zlival vase, že zdavnaj pa sem pozabil, da imava čez nekaj ur pomembno opravilo, ki zahteva trezno glavo. V tistem trenutku je zame v baru z ekskluzivnem udobjem obstajal le še kralj Alkohol.

Tako brzčas nisem bil nič kaj prida priložnost, ko sta se k najini mizici prisedli dve dekleti – ne vem, ali ju je Fabricio povabil, niti ne, ali sta bili za to plačani. Vsaj tista, ki se je predstavila za Katie, mi je bila nezansko všeč. Lepote takšne dolgonoge stvarce namreč ni mogla zaviti v meglo niti najhujša pijanost. No, kar tiče mojega trenutnega stanja, je bilo to pač takšno, da bi pred 30-imi leti, ko še nisem pil, po tolikšni količini alkohola verjetno že ležal pod barsko mizico. Zdaj pa sem bil ves blažen ob vsaki besedi in dotiku, ki mi ga je namenila prelestna Katie…

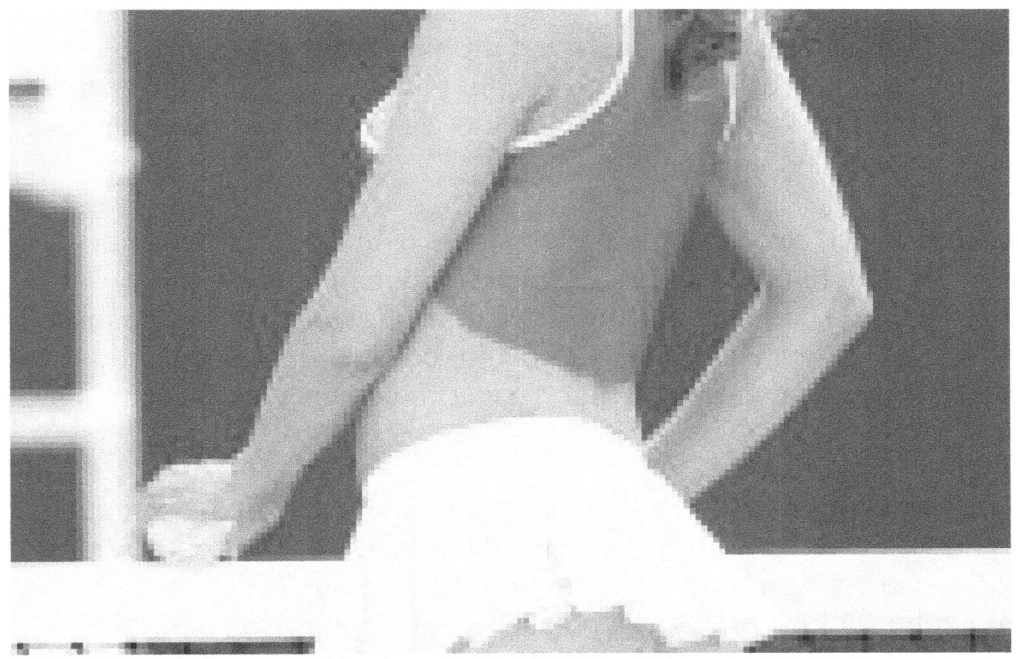

Zaradi nje lahko izgubi glavo tudi pijan moški.

Bil sem že na sami meji, da se mi utrga film, ko me je Katie povlekla za roko, tako da sem ji moral opotekajoč se slediti. Kot robot sem tako stopal ob njej do bež vrat bara in nato po hodniku do drugih ali pač tretjih vrat, ki jih je odprla in me zvleklo v notranjost. Bil sem preveč pijan, da bi sploh doumel, da sva na ženskem stranišču, kar sem morda ugotovil ali pač ne, ko je odprla še vrata ene izmed kabin, me potisnila skoznje in jih zapahnila z notranje strani. Nato se me je lotila s takšno vnemo, kot je v svojih slabih 47-ih letih najbrž sploh še nisem doživel. Punca resnično ni hotela izgubljati časa, morda zato, ker se je bala, da tako pijan ne bom mogel več dolgo stati na nogah. Z veščimi kretnjami mi je odprlo zadrgo na leviskah, sama pa mi je pokazala hrbet, zavihala že itak krilce brez vsake dolžnine, se oprijela straniščne školjke, zbrcala miniaturne hlačke in proti mojemu pijanemu pogledu izbočila čudovito zadnjico. Kaj pa naj bi, tako pijan in skorajda neprišteven, storil drugega, kot sem…

Do takrat, ko sva se s Katie znova znašla za mizico v baru, je minilo kakšnih 45 minut. Saj ne, da si nisem prej s hlado vodo temeljito izpljuskal obraza, ampak veliko večino časa sva bila vendarle v kabini. Nič čudnega, da je punca kar sijala in se hihitala. Očitno je spoznala, da tozadevne stvari v mojem primeru, posebej če sem pijan, dolgo trajajo. Ker me intimne stvari drugih nikoli niso zanimale, se seveda tudi nisem informiral pri drugih pijancih, če je z njimi tudi tako. No, če je, kvaternce, ki govoričijo, da pijanim partnerjem ne dajo, ne vedo kaj izpuščajo!

Kakor koli že, čas, ki sem ga užil s Katie, je imel tudi drugo plat medalje. Kot bi odrezal, sem se streznil vsaj za polovico, kar pa seveda ni pomenilo, da nisem bil več pijan. Seveda sem bil, po merilih slovenskih policajev zagotovo za dvojni odvzem vozniškega, a vendarle povsem v mojih mejah, v katerih točno vem, kaj delam in govorim.

Fabricio se mi je samo hahljal z one strani barske mizice. Namignil mi je, da se bova s Katie že še videla, a da morava zdaj v akcijo. Sam je bil seveda povsem trezen, pa tudi nič zaspan po prebedeni noči. Pa bi bilo bolje zanj, če bi se ga tako nažrl, da bi ga moral jaz odnesti v sobo! Bilo je torej okrog četrte ure, ko sva zapustila bar Park Hotela Annia.

Bar Park Hotela Annia.

Svež zgodnji jutranji zrak pred hotelom me je postavil na trdna tla. Takoj mi je dal vedeti, da nisem prespal v postelji s kakšnimi petimi pivi v želodcu, ampak da sem prekrokal in prepil noč po skorajda povsem prepitem dnevu. Ker sem prenehal s pitjem tako na hitro, je bilo samo še slabše. Bilo mi je enostavno zelo slabo, niti noge me niso želele ubogati, a nalogo je bilo treba izvršiti.

Fabricio si je prej na recepciji oprtal svojo kamero in rezervno baterijo in mi pokazal proti letališki ograji v daljavi. Smejal se je moji nesigurni hoji in ni kazal nobenega znaka užaljenosti, ker je moral vso težo nositi sam. No, saj sem mu predlagal, da bi mu pomagal, a ni hotel. S hojo skozi mokro travinje sem imel že itak sam dovolj težav, zelo slabo sem se počutil in preklinjal odločitev, da bom nehal piti na hitro. Tako sem komaj pričakal, da mi je prijatelj velel, naj se pritajim na tleh in samo gledam, sam pa po trebuhu nadaljeval še nekaj deset metrov proti ograji, kjer se je, kolikor sem videl, dokaj dobro skril in pripravil kamero na strel.

Tako sva ležala vsak v svojem skrivališču in čakala. A ni minilo dolgo, ko je po ozki makadamski cestici, ki očito služi za varnostne obhode ograje letališča, pripeljalo šest ogromnih črnih terencev. Skoraj naročeno, so se ustavili ravno pred mojim in Fabricijevim vidnim poljem.

V terencih se vozijo pomembneži in tisti, ki bi to radi bili.

Kot sem domneval, so bili trije okravateni možje v drugem terencu ameriški predstavniki na pogovoru, trije, ki so izstopili iz tretjega, Italijani, trojica, ki je izstopila iz petega, pa – Slovenci. Vse sem takoj prepoznal, saj jih moram dnevno gledati na televiziji, tako da sploh nisem bil presenečen. Začudilo me je zgolj to, da so se ti močni ljudje za pojme Slovenije, znašli skupaj, saj si niso ravno najbolj naklonjeni – ali pač igrajo za nas, publiko.

Poleg voznikov je bil očitno v vsakem avtomobilu z močniki še po en varnostnik, v drugih treh avtomobilih pa še po trije. Ko sem gledal to rokovanje med voditelji, ki odločajo o tem, ali bomo Slovenci izumrli prej, kot bi sicer, mi je postajalo čedalje bolj slabo in hudo v želodcu. Tako sem s težavo opazoval, kako je Fabricio očitno uspešno snemal s kamero, kako so se odprla mrežnata vrata na ograji in kako so skoznjo zapeljali prvi štirje avtomobili. Nesreča pa se je zgodila ravno takrat, ko so vstopali v terence še naši.

Eden izmed varnostnikov v povsem zadnjem avtomobilu je imel očitno pač izejmno oster vid ali šesti čut. No, morda je nesrečni Fabricio povzročil kakšen šum, tako da ga je slišal. Vse skupaj se je odvijalo kot v akcijskem filmu. Z veliko vpitja so se vsi trije varnostniki, medtem ko sta prva dva slovenska avtomobila oddivjala na varno v notranjsot letališča, stekla proti Fabriciju, ki, seveda, presenečen, niti ni poskušal bežati. Še manj pa se je upiral, ko so ga grobo postavili na noge in zvlekli proti ograji.

Z grozo sem spremljal dogodke. Niti ne vem natančno, koliko časa je trajalo vse skupaj okrog »aretacije« Fabricija, sigurno pa ne več, kot nekaj minut, med katerimi sem tudi sam trpel peklenske muke. Kar naenkrat nisem mogel več zdržati in že mi je začelo teči iz ust. Nisem pa bruhal zgolj nočne pijače, ampak kri. Ne prvič, morda zadnjič, ampak že se mi je dogajalo, da so mi od alkohola uničene žile v želodcu in požiralniku počile, in kri, ki se je medtem nabrala, je želela na prosto. Tako sem v tisti travi, bolj mrtev kot živ, krvavel, brez da bi kakor koli že poskušal pomagati prijatelju. Če bi seveda, v tako kratkem času, brez orožja zanj sploh lahko kaj storil. Vseeno si bom očital do konca tega bednega življenja. Tako mi ni preostalo nič drugega, kot zakričati, čeravno bi bilo pametneje molčati…

*

Tam na *Piazzale Roma* sem začel počasi doumevati vso razsežnost tragedije na letališču. Fabricio je bil mrtev, sam pa nisem naredil ničesar, da bi mu pomgal. V še ne povsem trezni glavi mi tudi ni bilo jasno, kaj bi lahko naredil zanj. Zdaj nič več. Ali ima sploh smisel hoditi na kvesturo? Da bodo zaprli še mene, tako da bodo zame izvedeli tudi Fabricijevi morilci. Seveda ne bom šel na policijo, saj dam na tozadevne inštitucije itak manj kot nič. Do zdaj sem namreč doživel že kup dogodivščin, v katerih bi skoraj izgubil glavo, in ki bi jo še prej, če bi vanje vpletal policaje. Tako bom storil tudi tokrat. Ker se imam vsaj še malce rad, se ne bom brez razloga izpostavljal, in se zato malce sprehodil po laguni kot turist. Pil pa ne bom, saj bom v tem primeru resnično vse dokončno potopil. Zvečer pa se bom enostavno odpeljal domov.

Ko sem tako razglabljal, so me noge kar same nosile po starodavnih tlakovcih. Ves v temnih mislih sem, kljub soncu, tudi sam ugotavljal, da so stoletne Benetke na nek način pravzaprav resnično zelo mračnjaške. V njih je veliko duhov, ki jih bodo bodo za vedno potopili. V neki palači je bilo veliko umorov in samomorov, zato menda tam straši, kar so dokumentirali tudi v neki angleški dokumentarni oddaji. Benetke so resnično prav wagnerijanske, zato me tudi ni nikoli čudilo, da je v njih ta čudni skladatelj tudi umrl.

Wagnerjev spomenik v Benetkah.

V nekem majhnem marketu sem kupil plastenko mineralne vode in jo na poti takojci popil. Noge so me že precej bolele, ko sem odkril prazno klopco v prijetnem parku, sedel nanjo, prepletel roke na prsih in v trenutku zaspal…

Ko sem prišel k sebi, je bilo sonce že očitno nizko na zahodu. Ni ga bilo videti, a barve so bile ravno takšne, kot da dan jemlje slovo. Malce sem še posedel, zdaj povsem trezen, a z mačkom, ki bi nujno potreboval dva tri hladna piva. A, odločil sem se, da grem proti Sloveniji. Ko sem se dvignil in še malce sprehodil naprej, sem ugotovil, da sem se znašel na Rialtu. Prej sem očitno res kar precej prehodil, no, zdaj se bom pač vkrcal na vaporetto in končno odpeljal do Tronchetta. Seveda bi se, ampak se je začelo nekaj, česar nisem pravočasno preprečil s pivom.

Benetke s chemtraili, junij 2009.

Na mostišču oziroma postajališču za vaporetto sem zavzel mesto v kratki vrsti čakajočih za vozovnico. Ko sem si z roko obrisal usta, se mi je na hrbtni strani dlani pojavila rdeča sled. Kri! Spet sem krvavel. Ampak, še več krvi je bilo v mojem želodcu. Šele zdaj sem namreč opazil, da moj, sicer skoraj povsem plosk trebuh (kljub popitimi tisoči hektolitri piva) močno štrli nsprej. Ko sem šel z roko prek njega, sem začutil ogromen vamp. Nemogoče! Kdaj mi je pa tako zrasel? Tako hitro. A bilo je res, imel sem ogromen vamp, za katerega sem takoj dognal, da je očitno pol krvi vsled počenih žil v želodcu. A kri bo želele ven!

In res mi ni bilo pomoči, tako da sem se z obema rokama oprijel vrvi, ki naj bi čez dan ločevala kolone turistov.Toda, noge me niso več hotele držati in sesedel sem se kot prazna vreča. Vedel sem, da je bila to posledica izgube krvi, prepričan pa sem bil, da mi dolgo ne bodo delovali niti možgani, in da bom umrl.

Znova sem se videl pod zemljo na »svojem« pokopališču ob cerkvi Sv. Matere Božje na Ljubnem ob Savinji.

Tega, kar se je dogajalo naprej, se prav dobro nisem zavedal, spominjam se le še vpitja ljudi in prijaznega obraza neke starejše gospe, ki se je sklanjala nad mano…

Ko sem se ovedel, sem začutil nenavadno premetavanje. Počasi sem dojel, da ležim v nekakšnem čolnu, z mano pa si da opravka mož v obleki z rdečim križem. Torej sem bil v nebesih, saj, hudiči menda ne nosijo tovrstnih znakov! A kmalu sem spoznal, da je bila to uniforma reševalca-zdravnika, ki mi je v roko očitno že zapičil iglo za transnfuzijo, na moj ogromen vamp pa odložil nekakšno medicinsko opremo. V čolnu, očitno je res šlo za reševalnega, je bilo namreč malo prostora.

»Signore, ali ste že bili kdaj v deliriju?«

Prijazno vprašanje mi ni dalo druge možnosti, kot da potrdim.

»*Si, dottore*. Ampak tokrat nisem. Izkrvavel bom v trebušno votlino oziroma želodec. Saj vidite, kako ogromen trebuh imam! Vsa kri, ki mi jo dovedete, steče v moj želodec…,« sem poskušal prepričati strokovnjaka.

»To ni transfuzija, ampak infuzija močnega pomirjevala. Padli ste v delirium tremens in zdaj narobe razmišljate.«

Zdravnik – reševalec se ni dal zmesti. Sam pa mu nisem prav nič verjel. Še vedno sem čutil ogromen vamp, nog in rok pa sploh ne, in vedel sem, da bom zdaj-zdaj dokončno izkrvavel. Čudilo pa me je, zakaj ogromne količine krvi ne izbruham, tako kot sem običajno že vsak deciliter, ki se mi je nabral v želodcu.

Da ni bilo nikakršnih notranjih krvavitev niti ogromnega vampa, sem doumel šele po kakšnih dveh urah, po tistem, ko so me po pristanku čolna prve pomoči z vozičkom zapeljali na urgenco, ko me je takoj pregledala še dežurna mlada zdravnica, in ko se je v moje vene stekla še ena enota infuzije. Tako sem najprej ugotovil, da imam povsem normalen trebuh, oziroma, da sploh nimam vampa, da me noge držijo, in da sem čisto - živ. Ko sem to dojel, sem z olajšanjem vstal z mobilne postelje in se napotil v toaletne prostore, kjer sem se po obrazu umil s hladno vodo. Seveda sem moral počakati še na izvid, ko se je simpatična zdravnica z mano še temeljito pogovorila na temo alkoholizma in mi dala za popiti dva decilitra kalija.

»*Almeno 24 ore non bere alcolici*,« me je posvarila, a njen pogled ni pričakoval, da bo to kaj prida zaleglo.

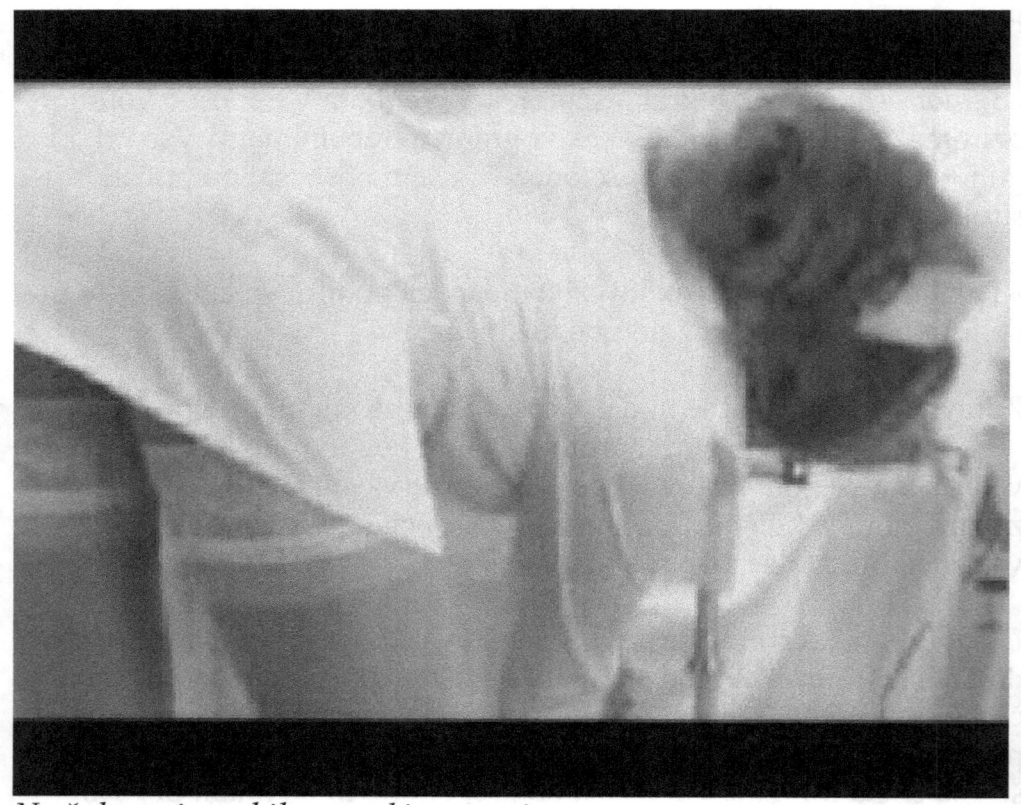

Na žalost nisem bil na ruski urgenci.

Pozneje sem bil prav presenečen, ko sem pri adminstratorki pričakoval astronomski račun, ki ga pravzaprav sploh ne bi mogel plačati, a je vse čudežno opravila moja kartica zdravstvenega zavarovanja. Še dobro, da imata Slovenija in Italija sklenjen tudi tozadevni sporazum.

Bilo je okrog polnoči, ko sem se znova odpravil proti bolnišničnim toaletnim prostorom, kjer sem prej opazil nekaj čistih tuš kabin. Vzel sem torej posodico za tekoče milo z enega od umivalnikov, se slekel in temeljito stuširal. Tega sem bil, rak po horoskopu, res temeljito potreben. Žal nisem imel na voljo svežega perila, tako da sem se oblekel v obstoječo opravo in, skoraj kot nov, okrog ene zjutraj zapustil *Ospedale SS. Giovanni e Paolo*.

Ospedale SS. Giovanni e Paolo, Castello.

Proti Tronchettu sem se tokrat namenil kar peš, saj se mi ni nikamor mudilo. Bil sem pa tudi tako navdušen nad tem, da me noge še vedno nosijo, da za nič na svetu ne bi dajal tistih šest evrov za vaporretto, pa še vedel nisem, kako pogosto, ali če v tem času sploh vozi. Skozi staro mestno jedro, prepredeno s kanali in povezano z na stotine mostov, ne dajoč posebnega pomena temu pravemu zakladu iz umetniškega in arhitekturnega vidika, sem se ravnal proti sverozahodu.

Stara, a zanesljiva.

Tudi zaradi označb, sem po dobri uri že odklepal svojo Alfo. Ker je bila noč topla – pa tudi če ne bi bila – sem se ob avtu takoj preoblekel v sveže perilo, srajco in leviske. Precej zdelano dosedanjo opravo sem lepo zložil v čisto vrečo, to pa v potovalno torbo.

Na blagajni sem doplačal nekaj evrov in pognal avto proti avtocesti v smer, v kateri sem lahko že kmalo pričakoval sonce, če mi bodo pogled nanj le dovoljevali chemtraili…

Drugo poglavje

Slovenija

Nad Ljutomerom, 14. januar 2011.

Medtem ko sem vozil stran od temačnih Benetk, sem razmišljal o vsebini torbice na zadnjem Alfinem sedežu, ki je med drugim potrjevala tudi to, da sem se znova brez rezultata »oborožil« za Fabricijevo oddajo. Kolikor sem namreč imel pred tremi dnevi, po tistem, ko me je poklical Fabricio, še časa, sem pregledal delček tega, kar je bilo na področju slovenskih chemtrailov najaktualnejšega na internetu in določene zadeve tudi natisnil. Ker še vedno stavim na papir, bom torej lahko zdaj vrgel stran sveženj printov, ki so med drugim dokazovali, da je Babič že 14. junija 2010 na internetni strani »predlagam.vladi.si« napisal pismo oziroma predlog z naslovom *"Izpušne sledi" na našem in tujem nebu.*

Pred predlogom sem sicer s taiste internetne strani natisnil naslednji uvod: »*Že nekaj časa, mogoče več kot desetletje, videvamo na nebu avionske sledi, ki se vedejo drugače, kot se vede normalni izpuh, recimo potniškega aviona. Te sledi ne izginejo po petnajstih ali dvajsetih sekundah, ampak ostanejo celo par ur ali več. Kaj vse te sledi počnejo in kako se obnašajo, ni zdaj pomembno pisanje, saj je informacij, takšnih ali drugačnih, povsod dovolj, seveda, predvsem na*

internetu. Nas, ki živimo pod tem nebom, zanima, kaj se pravzaprav dogaja, in predlog vsebuje ravno to, da bi bolj kompententni za takšna dogajanja podali svoje obrazložitve, saj nas je mnogo tu v Sloveniji in po svetu, ki začenjamo dojemati, da se dogaja nekaj čudnega in zaenkrat še nerazumljivega. Laična logika zahteva obrazložitve, saj to nikakor ne more biti čisto neopaženo. Enostavno sklepamo, da kompetentni za naš zračni prostor sigurno imajo informacije o tej zadevi, ki je zadosti strokovno in tudi razumljivo za navadne ljudi, ki bi radi vedeli, kaj se dogaja nad njihovimi glavami, ali imajo razlog, za biti ogrožen ali ne. V izogib vedno bolj razširjenemu strahu in skrivnosti, ki se plete okoli tega, predlagam vladi, da poda uradno obrazložitev tega "pojava". Z velikim zanimanjem pričakujemo odgovor. Lepa hvala.«

Chemtraili ali kemični repi.

Babič je nato slovensko vlado vprašal naslednje:

»Pozdravljeni!

Vsakodnevno z zaskrbljenostjo pogledujem v nebo. Kaj je vzrok za to? Po nebu nekje na višini šestih kilometrov letijo neidentificana reaktivna letala, ki za sabo puščajo nevarno kemično sled, imenovano chemtrail, kar je drugače od običajnih contrailov. Letala ubirajo različne smeri. Poteka namreč škropljenje slovenskega neba z nevarnimi strupi (chemtrails). Zastrupljanje izvajajo brez (vojne) napovedi neidentificana reaktivna letala, ki ne letijo na uradnih linijah.

Neidentificirano.

Temu pojavu se reče chemtraili. Chemtraili ali "kemični repi" so neobičajne sledi za neidentificiranimi reaktivnimi letali, ki po analizah neodvisnih raziskovalcev vsebujejo škodljive snovi za človekovo zdravje in okolje. To so kemične snovi v koncentracijah, ki daleč presegajo dovoljene, pa tudi z genetskim inženiringom pridobljeni biološki agensi, ki naj bi omogočali manipuliranje z DNK. Uradni organi zaenkrat zanikajo obstoj tega zastrupljanja, kljub neizpodbitnim dokazom. To početje je predvsem na področju držav članic zveze NATO. Namerno zastrupljanje neba (in s tem okolja ter ljudi) predstavlja kaznivo dejanje.

Ta zadeva je povezana s problemom globalnega segrevanja in ozonske luknje, zaradi česar so določene vlade (predvsem ZDA) začele s sumljivim projektom "Chemtrails". Ta vsebuje skrivno in *ilegalno posipavanje (po vsem svetu, tudi pri nas) atmosfere z nevarnimi aluminijevimi zmesmi, kar naj bi tako spremenilo fizikalne lastnosti ozračja, da bi se segrevanje ustavilo. Seveda stvar ni brez stranskih učinkov, kot so ekstremni vremenski pojavi, pa tudi škodljivi vplivi na okolje in človekovo zdravje.*

Zadnje posipavanje atmosfere v Sloveniji pred današnjim (8.junija 2010) je bilo v tednu med 24. in 28. majem 2010. Po njem pa je v Slovenijo nastopilo hladno obdobje z vsakodnevnimi padavinami, ki so na zemeljska tla spustile vse zdravju škodljive elemente iz posipavanja. Modro nebo brez oblakov kar naenkrat ni bilo več modro, oblaki pa so bili ustvarjeni umetno. Fotografije posledic posipavanja neba so v priponkah. Čisto možno je, da je to posipavanje zaslužno za poplave v vzhodnoevropskih državah.

Pogled v slovensko nebo, 29. maj 2010, ob 8. uri – deset dni pred Babičevim pismom vladi.

V ZDA se je izkazalo, da sestave chemtrailov neodvisno od državnih financerjev ni enostavno analizirati. Na eni strani pride po posipanju razmeroma hitro do disperzije, ki pripelje do hitrega padca koncentracije v zraku. Na drugi strani je zbiranje vzorcev zraka, v višini približno šest kilometrov, zelo draga stvar. Kljub temu je uspelo narediti nekaj mikroskopskih analiz: sintetična nosilna substanca, delno z neznano sestavo, je imela pri ponovljenih analizah sledi (tako imenovanih neradioaktivnih) barijevih soli in najmanjše delce aluminija v sedemkrat večji koncentraciji kot v navadnem zraku.

Raziskave v zvezi z zdravstvenimi posledicami široko zastavljene modifikacije vremena s chemtraili so bolj preproste. V dnevih in tednih po posipanju točno označenih področij v ZDA, je bilo mogoče statistično verificirati povečanje sledečih simptomov: spontane krvavitve iz nosu pri intenzivnem izpostavljanju, težave z dihanjem, glavobol, motnje v ravnotežju in kronično utrujenost. Pogostejše so bile epidemije gripe, astme, vnetja mrežnice, in kar je zanimivo, izgube kratkoročnega spomina. Iz raziskav Alzheimerjeve bolezni je znana zastrupitev telesa z aluminijem pomemben sofaktor!

Strupi chemtrailov so povzročili: dihalne probleme ter akutne dihalne težave, kronično utrujenost in gripi podobne simptome, kronične glavobole in alergije, fibromialgijo in kronične bolečine, mentalne in čustvene probleme, upad imunskega sistema ter skrivnostne, izčrpavajoče in neozdravljive zdravstvene probleme. Slovenija pa zaradi tega škropljenja izgublja čebele, saj jih je v zadnjem obdobju pomrlo kar 70 odstotkov. Pojavljajo pa se tudi zdravstvene težave pri ljudeh.

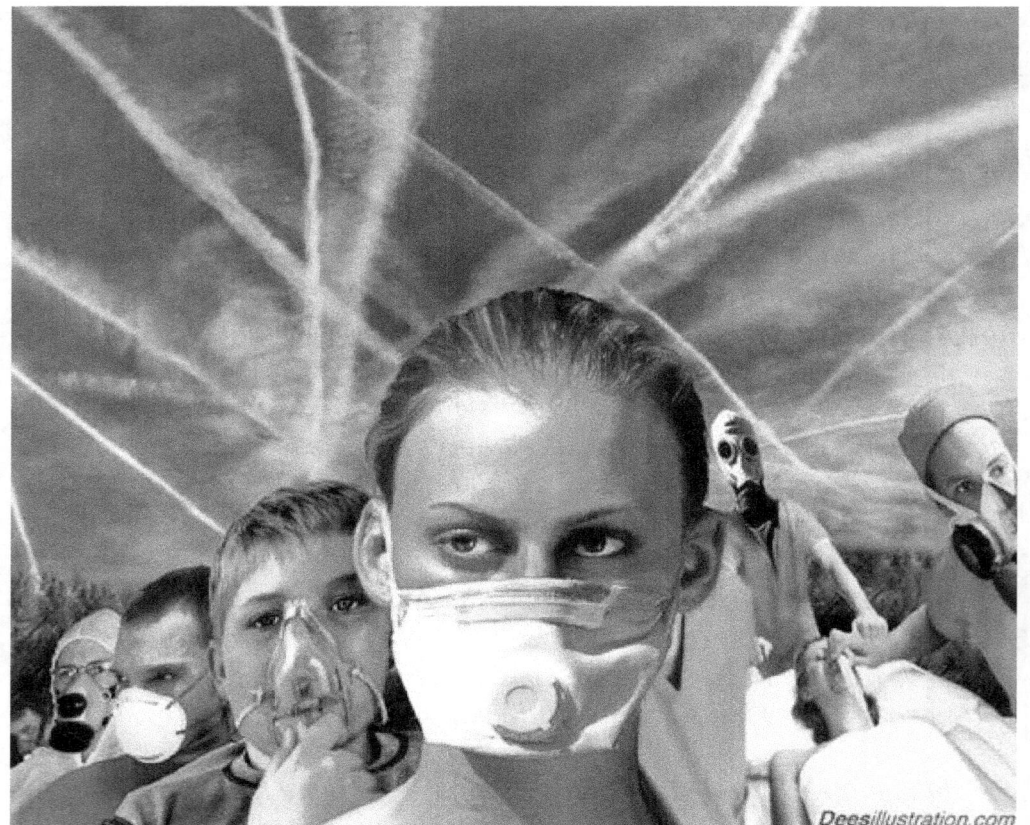

Ilustracija s Chemtrail simpozija, Belgija, 29. maj 2010.

Precej gradiva o tem početju najdete na svetovnem spletu. Tako lahko vidite, kakšna letala se uporabljajo za škropljenje neba, ter kako so opremljena. Svetujem vam, da si ogledate vse spodaj navedene spletne strani o tej tematiki in videoposnetke ter si ustvarite realno sliko o nevarnosti.«

*Notranjost predelanega Boeinga: sedeže so odstranili in pričvrstili
sode s kemikalijami.*

Babič je nato dodal kopico linkov do ustreznih internetnih strani:

*»http://www.skrivnosti-sveta.com/chemtraili/
http://www.google.si/#hl=sl&source=h..;fp=2c26c337a7c9d602
http://www.siol.net/slovenija/znanost_in..2010/03/srdjan8.aspx
What In The World Are They Spraying?
http://www.prisonplanet.com/what-in&..ey-spraying.html
http://downloads.climate.science.gov/sap..5;report-all.pdf
http://www.publications.parliament.uk/pa..cmsctech/221/221.pdf
Evergreen Air and a Secret Chemtrail Facility
http://www.infowars.com/evergreen-ai..mtrail-facility/
Chemtrail Proof BBC TV weather modification
http://www.youtube.com/watch?v=tpC4Jkbs6I4
Kemijski Tragovi - Osnovne Informacije
http://www.youtube.com/watch?v=DmGSV-yD4f4
Ex Government Employee talks about CHEMTRAILS part 1*

http://www.youtube.com/watch?v=xGfBV_btKog
Chemtrails never seen before from Space 2009
http://www.youtube.com/watch?v=0SJ-lnJc7Pc
Killer Chemtrails: The Shocking Truth
http://www.youtube.com/watch?v=Psdg3OAw_a8
New World Order and the Chemtrails Connection
http://www.youtube.com/watch?v=j8NmzfjIkI0
Chemtrails and Chemclouds
http://www.youtube.com/watch?v=yEdUkIfJm1E
Chemtrail Plane Up Close and Personal.rv
http://www.youtube.com/watch?v=wuV9Q-n73Q0
Confirmed Aluminium Nanoparticles in the Sky
http://www.youtube.com/watch?v=C_UKWPUxrvk«

Notranjost še ene leteče pošasti.

In nadaljeval:

»Glede na vse opisano, zadeva ni nedolžna, zato bi vsi pristojni organi, ki so/ste doslej molčali, morali sprožiti preiskavo o tem za

ljudi in živali nevarnem škropljenju. Če mi še vedno ne verjamete, poglejte ven skozi okno v nebo. Državni organi, ki imajo ustrezno protiletalsko orožje, pa lahko sestrelijo katero od letal, ki zastruplja Slovenijo, ter nato vidijo, kaj so dejansko ta letala. Bolje eno sestreljeno letalo, kot pa ogrožanje zdravja dveh milijonov prebivalcev Slovenije. Gre se za vašo in našo varnost, ki je zaradi tega zastrupljanja ogrožena. Na vsak način je potrebno ustaviti nadaljnje zastrupljanje neba in s tem nas ljudi. Upam, da je vam, pristojnim uradnim organom, kaj do zdravja ljudi, ki vas plačujemo. Državljani imamo interes vedeti, kaj se dogaja nad našimi glavami. Vse, kar je gor, enkrat pade dol.

V povečavi: šoba za izpust chemtrail tekočine.

Poraja se mi več nerazrešenih vprašanj, ki vam jih zastavljam:
1. Čigava letala preletavajo slovensko nebo in puščajo za sabo kemične repe? So letala ameriška? Prihajajo namreč iz smeri držav, kjer so ameriške vojaške baze (Aviano, Vicenza, Nemčija). Je vojaška

zveza NATO vpletena v to? Kaj pa ameriška obveščevalna agencija CIA?

2. Zakaj slovenska vlada o tem pojavu molči?

3. Imajo ta letala sploh dovoljenje za prelet slovenskega zračnega prostora in kdo jim ga je dal?

4. Katere kemične snovi vsebujejo ti kondenzi? Aluminij? Barij?

5. Kakšne škodljive posledice ima to pršenje za človekovo zdravje? Pojavljajo se namreč različni simptomi: dihalni problemi ter akutne dihalne težave, kronična utrujenost in gripi podobni simptomi, kronični glavoboli in alergije, fibromyalgija in kronične bolečine, mentalni in čustveni problemi, upad imunskega sistema, skrivnostni, izčrpavajoči in neozdravljivi zdravstveni problemi.

6. Je to rakotvorno? Kako to vliva na človekovo DNK? Se na ta način poskuša izkoreniniti slovenski narod?

7. Kakšen vpliv ima to na živalske in rastlinske vrste? Število čebel v Sloveniji je namreč v kratkem obdobju upadlo kar za 70 odstotkov.

8. Zakaj je sploh potrebno to škropljenje neba?

9. Se s tem poskuša vplivati na ohlajevanje in tvorbo ozona?

10. Se na ta način sproža tvorjenje oblakov, v katerih se nabira ogromna količina vode, ki nato pripelje do poplav?

11. Prihaja zaradi tega do nepredvidljivih vremenskih razmer, npr. do hude suše in neurij?

12. Zakaj se o tem nič ne piše in ne govori v medijih?«

Chemtraili povzročajo upad vitamina D.

Pred tremi dnevi sem bil kar malce presenečen, ko sem ob proučevanju tega Babičevega pisma ugotovil, da je do nekaterih odgovorov nanj prišlo že do 29. julija 2010 – vsaj do takrat so bili objavljeni na internetu, a o njihovi vsebini se mi je skorajda zdelo škoda izgubljati čas, kajti izgledali so približno takole, kot denimo odziv ministrstva za promet:

»V zvezi s predlogom 853: "Izpušne sledi" na našem in tujem nebu, vas obveščamo, da po mnenju ministrstva za promet ni strokovnih ali upravnih razlogov za nadaljnjo obravnavo.

Zračni promet v slovenskem zračnem prostoru poteka v skladu z veljavnimi predpisi, z njegovo ureditvijo pa se zainteresirana javnost lahko seznani z vpogledom v Zbornik letalskih informacij Republike

Slovenije, ki ga objavlja izvajalec navigacijskih služb zračnega prometa javno podjetje Kontrola zračnega prometa Slovenije, d.o.o., na svojih spletnih straneh (http://www.sloveniacontrol.si/acrobat/aip/eaip/Operations/history-en-GB.html). Posebej smo tudi preverili morebitne posebnosti v zračnem prometu med 24. in 28. majem 2010 in ugotovili, da v navedenih dnevih v zračnem prometu ni bilo posebnosti.

Letala v zračnem prometu najpogosteje uporabljajo standardni letalski gorivi JET-A1 in 100LL. Obe vrsti goriva imata, podobno kot goriva, ki se uporabljajo v cestnem prometu, različne dodatke, kot so antioksidanti in deaktivatorji kovin, dodatki za zmanjšanje tveganja za zaledenitev ali eksplozijo zaradi visokih temperatur, dodatki za zmanjšanje korozivnosti in nečistoče. Tudi v tem smislu nismo zasledili posebnosti.

Ob tem moramo pojasniti, da se tudi v okviru mednarodnih organizacij na področju civilnega letalstva, zlasti pa v okviru Mednarodne organizacije civilnega letalstva (ICAO), ki vodi številne projekte za zmanjšanje vpliva toplogrednih plinov, dušikovih oksidov in različnih drugih potencialno škodljivih snovi, nismo zasledili projekta, ki bi se ukvarjal z "izpušnimi sledmi" kot nečim neznanim ali drugačnim od siceršnje problematike onesnaževanja okolja z izpusti letalskih motorjev. Več podrobnosti si lahko vsakdo ogleda na internetni strani ICAO http://www.icao.int/env/.«

Škoda denarja za tablo.

Ali kot odziv ministrstva za zdravje:

»V zvezi s postavljenim vprašanjem na spletnem portalu predlagam.vladi.si, vam sporočamo, da ministrstvo za zdravje ne razpolaga s podatki oziroma informacijami o tako imenovanih kemijskih repih, oziroma o problematiki v zvezi z njimi, saj to presega okvir našega delovanja in domet naših pristojnosti.

Po pregledu obsežne literature, dostopne na medmrežju, ugotavljamo, da je na zastavljeno vprašanje zelo težko strokovno odgovoriti. Ideja o t. i. "kemičnih sledeh" se v svetovni javnosti pojavlja že vsaj dve desetletji in je že ves ta čas predmet številnih razprav in ugibanj ter bolj in manj resnih interpretacij, od teorij zarote, do povsem znanstvenih pojasnil o nastanku omenjenih sledi. Vzroke za sledi je mogoče pojasniti z znanstvenimi metodami, ki so bili pobudniku že predstavljeni s strani ministrstva za okolje in prostor, o dejanski uporabi kemikalij za namene, ki jih omenja pobudnik, pa obstajajo le bolj ali manj posredni podatki, ugibanja in špekulacije. Neposrednih podatkov o uporabi kemikalij za tovrstne namene v Sloveniji na Uradu RS za kemikalije nimamo. Znano je, da so glavni produkti izgorevanja kerozina voda (vodna para), ogljikov dioksid in drugi produkti izgorevanja (kot npr. dušikovi oksidi NOx, saje, organske spojine, itd). Prav tako nastajajo ob delovanju letalskih motorjev toplogredni plini, kar vse povečuje onesnaževanje atmosfere. Da pa bi ti t. i. kemijski repi vsebovali kemikalije ali celo mikroorganizme, ki povzročajo naštete akutne in kronične bolezni, ali celo vplivali na podnebje, pa nam ni znano in tudi ni zelo verjetno. Za doseganje tovrstnih učinkov je uporaba letal, kot jih opisuje teorija "kemičnih sledi", precej neučinkovita in bi jih bilo mogoče doseči z drugimi, veliko učinkovitejšimi, cenejšimi in tudi bolj prikritimi načini in metodami.

Ob vsem navedenem ne bi smeli pozabiti, da imajo vse posledice za naše zdravje in okolje, ki jih avtorji pripisujejo tem domnevnim "kemičnim sledem", nedvomno bližje in znanstveno dokazljive vzroke. Te so prej in v neprimerno večjem obsegu posledica izpostavljenosti kemikalijam in snovem, ki jih v okolje spuščamo ljudje s svojimi vsakodnevnimi dejavnostmi ter brezbrižnim in malomarnim odnosom do okolja (gospodinjstva, kmetijstvo, industrija, avtomobilski izpuhi, sežiganje in nekontrolirano odlaganje odpadkov ipd.). V tem pogledu lahko žal ocenjujemo tudi, da se s pomočjo tovrstnih idej pozornost ljudi usmerja na neke abstraktne in nedokazljive fenomene in senzacije, namesto da bi njihovo razmišljanje in ravnanje usmerili na druge, realnejše izzive, ki so za naše življenje in obstoj zelo pomembni, in s katerimi bi se s skupnim delovanjem in spreminjanjem naših navad in vzorcev lahko (in morali) spopadati.«

Drobnjakarji: kajenje so prepovedali, da Slovenci vdihujemo na tone chemtrail-strupov, pa jih ne moti...

Ali odziv ministrstva za okolje in prostor:

»Letala med letom zaradi delovanja motorjev izpuščajo v okolje izpušne pline, ki vsebujejo ogljikov dioksid, vodno paro ter v manjših količinah trdne delce, organske snovi ter žveplove in dušikove okside. Nekatere od teh snovi so tudi zdravju škodljive, vendar je zaradi velike višine njihova neposredna škodljivost za zdravje ljudi manjša, kot na primer izpusti motornih cestnih vozil.

Zaradi velike višine in drugih specifičnih pogojev izpusti letal posredno in neposredno vplivajo na toplotno bilanco planeta in so eden izmed virov, ki povzročajo podnebne spremembe. Medvladni forum o podnebnih spremembah IPCC je izdal posebno poročilo »Aviation and the Global Atmosphere« (http://www.ipcc.ch/ipccreports/sres/aviation/index.php?idp=0), ki povzema raziskave na to temo in ugotavlja nujnost obvladovanja toplogrednih vplivov zaradi letalskega prometa.

V okviru pogajanj za sklenitev podnebnega sporazuma, ki naj bi

*nadgradil Kjotski protokol o zmanjševanju emisij toplogrednih plinov,
si Slovenija in Evropska unija prizadevata, da se v ta sporazum vključi
tudi mednarodni letalski promet. Evropska unija pa je že sprejela
ukrepe, ki bodo tudi letalstvo vključili v sistem trgovanja z emisijami
toplogrednih plinov, in s tem prispevali k obvladovanju emisij tega
vira.*

*Ministrstvo za okolje in prostor pa ne pozna nikakršnih neodvisnih
dokazov o obstoju namerno povzročenih kemičnih sledeh na nebu.
Tudi pregled recenzirane znanstvene literature ni dal relevantnih
člankov glede na ključno besedo »chemtrails«
(http://www.sciencedirect.com/).*

*Predlagatelj si lahko oglede tudi odgovor Evropske komisije na
vprašanja glede kemičnih sledi, ki je bilo postavljeno v Evropskem
parlamentu.
(http://www.europarl.europa.eu/sides/getDoc.do?pubRef=-
//EP//TEXT+WQ+E-2007-2455+0+DOC+XML+V0//EN).*

*Strokovno razlago kondenzacijskih sledi za reaktivnimi leteli na nebu
in njihovih občasno nenavadnih oblik, je v posebni izjavi podalo
Slovensko meteorološko društvo (http://www.meteo-
drustvo.si/data/upload/Contrails_21032010.pdf).*

*Kot je bilo obrazloženo, ministrstvo za okolje in prostor nima
utemeljenih informacij, ki bi upravičevale nadaljnjo obravnavo
domnevnih kemičnih sled na nebu.«*

Čudaki! V EU verjamejo, čeravno brez dokaza. Kdo pa je že kdaj videl na nebu takšno konstelacijo?

Sicer pa je največji borec zoper chemtraile v Sloveniji v soboto, 26. junija 2010, ob 16.50, na Policijski postaji Ljubljana Center podal ustno ovadbo o kemičnih sledeh, več dokaznih materialov pa je 28. junija poslal po e-mailu na ustrezen policijski naslov in še zapisal:

»Dokler pa zadevi ne dodelite policista/kriminalista in me o tem ne obvestite po počasni pošti (kot mi je povedal dežurni policist A. N.), pa se lahko o resnosti situacije sami prepričate na Facebook skupini.«

Seveda nisem bil presenečen nad tem, kakšen je bil odziv, oziroma opravljeno delo slovenskih varuhov zakona na osnovi Babičeve ovadbe. Bilo pa je zame presenečenje, da so policaji zadevo sploh dali naprej, saj sicer na Okrožnem državnem tožilstvu v Ljubljani na Slovenski cesti 41., dne 27. julija 2010, Babiču ne bi spisali naslednjega obvestila pod št. Ktr 2087/10-HD-tk:

»Obveščam vas, da sem prejela poročilo Sektorja kriminalistične policije v zvezi v vašo ustno kazensko ovadbo, ki ste jo podali na

*zapisnik na PP Ljubljana Center dne 26.6.2010 zoper neznanega
storilca v zvezi z onesnaževanjem s kemičnimi snovmi po nebu nad R
Slovenijo. Iz kazenske ovadbe je razvidno, da naj bi od meseca marca
2010 neznana letala onesnaževala nebo nad Slovenijo, med letenjem
pa izpuščala kemijske spojine, ki so vidne v obliki črte na nebu.
Zadeva je bila odstopljena na Sektor kriminalistične policije PU
Ljubljana, ki je prevzel preiskavo zaradi suma storitve kaznivega
dejanja obremenjevanja in uničenja okolja po členu 332/I KZ-1,
storjenega s strani neznanega storilca.*

*Glede na proučitev gradiva, pa je slednja ugotovila, s pomočjo
slovenskega meteorološkega društva, da je pojav, ki ga opisujete,
dejansko kondenzacija sledi za letali na nebu, kar se zazna tudi s
prostim očesom. Sestavljene so iz kristalčkov ledu, ki nastajajo pri
delovanju letalskih reaktivnih motorjev. V njihovih izpuhih pa se poleg
ostalih snovi nahaja tudi vodna para, zaradi mrzle okolice pa se ta
kondenzira in je, kot rezultat, viden tudi oblaček oziroma sled za
letalom. Kako hitro kondenzacija - sled izgine (sublimira), je odvisno
od vlažnosti in temperature zraka v okolici. Glede na zgoraj navedeno
je ugotoviti, da v konkretnem primeru ne obstajajo znaki kaznivega
dejanja, ki se preganja po uradni dolžnosti, oziroma na predlog,
zaradi česar sem zadevo dala ad acta in vas v zvezi s tem tudi
obvestila.*

Helena Zobec Dolanc, l.r., okrožna državna tožilka«

Sicer je Babič na internetu komentiral, da naj bi bila policija
neodzivna, saj je bila, po sprejemu kazenske ovadbe na PP Ljubljana
Center, zadeva prenešena v nek višji predal. Podobno se mu je zgodilo
na Inšpekciji za okolje in naravo pa tudi Agenciji RS za Okolje, kjer
so ga *»obakrat preusmerili na nepodpisan in neuraden .pdf dokument
nevladne organizacije (Slovensko meteorološko društvo), ki razlaga
nekaj o kondenzu vodne pare.«*

Nebo nad Slovenijo priča, da so za štose tudi piloti »chemtrail planes«..

O komisarju Evropske Unije Janezu Potočniku včeraj niti nisem preveč razmišljal, saj Babič od od njega odgovora sploh ni prejel, seveda pa sem sprintal naslednji e-mail:

»Subject: kemične sledi nad Slovenijo, Evropo in po svetu
Date: Mon, 12 Jul 2010 18:36:40 +0200
From: Blaž Babič <blaz.babic@amis.net>
To: janez.potocnik@ec.europa.eu

Spoštovani g. Potočnik,

ne bom dolgovezil. Kot komisar za okolje ste dolžni poskrbeti za varovanje okolja in s tem v zvezi tudi zdravje državljank in državljanov članic Evropske Unije.

V kolikor se bo izkazal problem kemičnih sledi http://www.facebook.com/group.php?gid=106455366067760 kot resnična grožnja za zdravje Slovenk in Slovencev, boste verjetno imeli težave ob vračanju v domovino. Prav tako vaši potomci.

Zdravstvene seveda.

V izogib čemur koli vas pozivam, da nadgradite meteorološko znanje naših "strokovnjakov", kot je Branko Gregorčič in javno pojasnite, za kaj pri tem pojavu gre.

Prosim, ne poskušajte z "vodno paro", saj sta, tako ameriški kongres kot britanski parlament, že priznala, da izvajajo t. i. "geo-inženiring".

Verjetno ste seznanjeni, da je v EP vprašanje kemičnih sledi že bilo izpostavljeno, pa od takrat kakšnega napredka v smeri pojasnitve niste naredili.
http://www.enouranois.gr/english/sygrafeisenglish/wayne/indexeuropi anparliament.htm

Naj se vam plača nikoli ne zazdi premajhna.

Lep pozdrav,
Blaž Babič«

Minister EU za okolje: moral bi biti prvi borec proti chemtrailom, pa dovoljuje genocid nad Evropejci z neba.

Babič pred letom dni, sam pa pred tremi dnevi, sva izgubljala čas tudi z varuhinjo človekovih pravic in v njenem uradu zaposlenimi »deloholiki«, o čemer priča naslednji dopis:

»Subject: odgovor Varuha človekovih pravic RS
Date: Tue, 14 Sep 2010 15:14:41 +0200
From: varuh@varuh-rs.si

To: blaz.babic@amis.net

Številka: 7.1 - 20 / 2010 - 5 - MAT
Datum: 14.09.2010

Gospod Blaž Babič.

Spoštovani,

prejeli smo več dopisov, naslovljenih na različne organe v zvezi s, kot navajate, sumljivimi kemičnimi sledmi na nebu. V zvezi s to problematiko smo tudi pregledali internetno stran, ki jo navajate v vaših dopisih in razbrali, da ste že prejeli odgovore nekaterih organov, na katere ste se obračali, med drugim Agencije Republike Slovenije za okolje, Okrožnega državnega tožilstva v Ljubljani, Policijske uprave Ljubljana in Kontrole zračnega prometa Slovenije.

Pričakujemo, da bodo tudi preostali organi, na katere ste se obračali, odgovorili na vaše dopise. V kolikor temu ne bi bilo tako, nas lahko o tem ponovno obvestite zaradi našega posredovanja. Tudi sicer intervencija Varuha človekovih pravic Republike Slovenije pride v poštev šele subsidiarno, če organi, ki so pristojni o zadevi, ne zavzamejo stališča, oziroma ne odločijo.

S spoštovanjem.
Mag. Kornelija Marzel, namestnica varuhinje človekovih pravic«

Mag. Kornelija Marzel.

Sam sem sicer ugotovil, da ni ravno največja tragedija absurda, to, kar je Babič spraševal vlado, in sicer, zakaj se o chemtrailih nič ne piše v medijih, ampak to, da, če se slučajno že kaj objavi, se povsem narobe, kot denimo v primeru takšne bedarije, kot je bil odgovor ali članek v Mladini, 16. februarja 2011:

»So letalske sledi res postale strupene? Staš Zgonik.

»Letalske sledi v obliki iksov in križev ne izginejo, kot so nekoč, ampak ostajajo na nebu po več ur in tvorijo umetne oblake, ki zmanjšujejo sevanje sonca na Zemlji. Akcija poteka na globalnem nivoju, je vrhunsko dobro načrtovana in se izvaja načrtno. Pri tem so se v molk zavile vse družbene strukture, ki so za svoje državljane odgovorne in bi jih morale o tem obvestiti. Uradno to, kar vidimo na nebu, dnevno sploh ne obstaja.«

To je zapis na spletni strani Društva Modro nebo, ki v Sloveniji opozarja na domnevno nevarno onesnaževanje ozračja s pomočjo letal. Tako imenovani chemtrails naj ne bi bile navadne letalske sledi, ki so posledica kondenzacije pare iz letalskih izpihov (angl. contrails), temveč naj bi vsebovale težke kovine. Razprševanje naj bi izvajala ameriška vojska, mogočih pa naj bi bilo več motivov. Po najmanj neverjetni različici gre za geoinženiring s ciljem zmanjšanja sončnega obsevanja Zemlje in s tem zaustavitve globalnega segrevanja. Lahko bi šlo tudi za globalno zaroto za zmanjšanje svetovnega prebivalstva. Gripa je menda zadnje čase v porastu ...

Skratka, v društvu so zaskrbljeni in zahtevajo odgovore. Tematika Chemtrails je že precej stara in se je v medijih pojavila že večkrat, vedno s pojasnili strokovnjakov, da pojav ni prav nič posebnega. Ker pa na naše uredništvo še kar prihaja elektronska pošta zaskrbljenih bralcev, bi radi zadevo pojasnili tudi mi. Na kratko: skrb je odveč.« No, sicer sem pa tudi sam že zdavnaj ugotovil, da se (ne)odgovorni Slovenci stoodstotno držijo zgornjega navodila...

V torbici sem imel še nekaj printov, tudi o tem, kako so se na zaskrbljeno pismo Društva Modro nebo odzvali pri Slovenskem meteorološkem društvu. Njihov predsednik dr. Mark Žagar je med drugim zapisal, naj prihodnje komunikacije društva *»bolj kot na neosnovanih in nepreverjenih domnevah ter špekulacijah, temeljijo na dokazih in znanstvenih teorijah«*. Po njegovih besedah je dobro znano, da je v bližini vremenskih front zrak v višinah dovolj vlažen, da kondenzacijske sledi sploh ne izginejo, temveč se počasi razširijo, tudi združijo med seboj, sčasoma pa lahko tudi prekrijejo velik del neba. *»Nič nenavadnega tudi ni, če se sledi navidezno ali pa tudi zares križajo, saj letala ne letijo ves čas po isti poti.«*

Dr. Mark Žagar.

Pa še denimo natisnjen list papirja o tem, da je to, koliko časa bodo letalske sledi ostale na nebu, po besedah dr. Jožeta Rakovca, predstojnika katedre za meteorologijo na ljubljanski Fakulteti za matematiko in fiziko, odvisno od vlažnosti ozračja. *»Včasih v skoraj nasičeno vlažnem ozračju ostanejo zelo, zelo dolgo in se le počasi 'razvlečejo' v plastovite oblake.«*

Dr. Jože Rakovec.

Za Fabricija sem natisnil tudi nekaj še večjih neumnosti, ki sem jih slučajno prebral, denimo na spletni strani slovenskih vremenarjev:

»Kondenzacijske sledi za letali.

Člani Slovenskega meteorološkega društva smo v zadnjem času opazili v časopisih in na spletnih straneh povečano zanimanje in ugibanja v zvezi s koprenastimi oblaki, ki nastajajo kot kondenzacijske sledi za letali. Na spletnih straneh lahko najdemo veliko strani, posvečenih tem vsebinam, od takšnih, ki predstavljajo čudovite fotografije kondenzacijskih sledi, do takšnih, ki s svojimi vsebinami mejijo na teorijo zarote. Med slednje sodi tudi slovenska stran www.modronebo.info/chemtraili.html, ki nastanek koprenastih oblakov za letali pripisuje skrivnostnim silam. Na strani pravijo, da „ Letalske sledi v obliki iksov in križev ne izginejo, kot so nekoč, ampak ostajajo na nebu po več ur in tvorijo umetne oblake, ki zmanjšujejo sevanje sonca na zemlji. Akcija poteka na globalnem nivoju, je vrhunsko dobro načrtovana in se izvaja načrtno." In naprej: "Ni prišlo do nobene organizirane akcije, ne s strani novinarjev in medijev, ne s strani politikov, ne s strani znanstvenikov, ne s strani civilne zaščite in policije, ne s strani civilne družbe."

Ker se za pojasnitev nastanka kondenzacijskih sledi za letali čutimo poklicane, bi radi pojasnili, da so še tako skrivnostne kompozicije sledi na nebu posledica kondenzacije letalskih izpustov, povzročenih v rednem letalskem prometu, in igre vetrov. Slika na levi je iz spletne strani www.modronebo.info/chemtraili.html in prikazuje sled nad Mariborom maja 2008. Pri tej in podobnih slikah, ki smo si jih ogledali na spletnih straneh, ugotavljamo, da pri "čudnih" pojavih na nebu ne gre za nič drugega, kot za navadne kondenzacijske sledi, ki jih za seboj puščajo vsa letala, ki v danih razmerah letijo dovolj visoko. Kondenzacijske sledi (angl. Contrails, pojavlja pa se kot Contrails, Comtrails in v zadnjem času Chemtrails) so oblaki, sestavljeni iz kristalčkov ledu. Nastanejo, ko vodna para iz izpuha letalskih reaktivnih motorjev kot glavni produkt izgorevanja kerozina (poleg CO_2 in nekaj običajne umazanije, predvsem NOx ter saj), zaradi mrzle okolice kondenzira na mikroskopskih delčkih, ki jih je v ozračju, še posebej pa v letalskem izpuhu, dovolj. Kako hitro kondenzacijska sled izgine (sublimira), pa je odvisno od vlažnosti in temperature zraka v okolici. Znano je, da je v bližini vremenskih front zrak v višinah dovolj vlažen, da kondenzacijske sledi sploh ne sublimirajo. Če upoštevamo še dejstvo, da je letalski promet v Evropi, pa tudi nad Severno Ameriko, precej gost, in da je hitrost gibanja zraka v višinah okrog 10 km, kjer običajno letajo potniška letala, tudi več deset m/s, se letalske sledi počasi razširijo, tudi združijo med seboj in sčasoma lahko prekrijejo velik del neba. Nič nenavadnega tudi ni, če se sledi navidezno ali pa tudi zares križajo, saj letala ne letijo ves čas po isti poti oziroma na isti višini.

V ilustracijo prilagamo sliko objektivne analize ozračja nad Slovenijo in širšo okolico, ki jo je za 17. marec 2010 ob 13h po lokalnem času pripravil Evropski center za srednjeročno napoved vremena. Slika prikazuje relativno vlažnost zraka na višini malo nad 10 km (ploskev 250 hPa), to je tam, kjer leti večina potniških letal. Lepo je videti, da je relativna vlažnost nad skoraj celotno Slovenijo višja od 90 odstotkov, kar predstavlja izredno ugodne pogoje za zelo počasen razpad kondenzacijskih sledi. Razen tega puščice, ki ponazarjajo smer, od koder je pritekal zrak na tej višini nad naše kraje, in hitrost gibanja zraka več kot 25 m/s, kažejo, da je zračni delec od severozahodne meje do Ljubljane potreboval manj kot dve uri. Torej so sledi, ki so jih ta dan opazili v okolici Ljubljane od 12. do 13. po lokalnem času, zaradi visoke relativne zračne vlage, ki je onemogočila sublimacijo kristalčkov ledu, lahko potovale več ur in so nad naše kraje prišle od severozahoda, iz Avstrije ali celo Nemčije. Dolgotrajen obstoj sledi in prepletenost zračnih koridorjev, pa tudi ugodni pogoji za nastanek predfrontalnih visokih oblakov, pogojujejo nastanek najrazličnejših oblik in podob, ki jih lahko opazimo na nebu. Povedanemu navkljub ne moremo zaključiti, da pri tem pojavu ne gre za onesnaževanje atmosfere. Letalski motorji v zrak izbruhajo precejšnje količine saj in trdnih delcev, ki v višje plasti ozračja ne sodijo. Da o toplo-grednih plinih, ki jih pri izgorevanju proizvajajo letalski motorji, niti ne govorimo. Zaroto na nebu lahko torej zaenkrat pripišemo le našim željam in potrebam po potovanju in prevažanju tovorov z letali.

Upravni odbor Slovenskega meteorološkega društva«

Logotip asociacije, katere prihodke iz domovine in tujine bi moral pod drobnogled vzeti NPU. Ne morem verjeti, da njenih članov ne moti, da se sleherni njihov napovedan jasen dan običajno povsem pooblači že do kosila. No, zato pa so, očitno zaradi gole previdnosti, začeli uporabljati besedno zvezo »koprenasta oblačnost«. Pravilnejša bi lahko glasila: »chemtrailasta oblačnost«.

Pred tremi dnevi se mi je zdelo smiselno natisnti tudi odziv še enega nezadovoljneža s tem skropucalom SMD:

»Vaše mnenje, izraženo na straneh Slovenskega meteorološkega društva, je mnenje o navadnih contrailih, ki izginejo kmalu po nastanku. Pričakoval sem odgovor o chemtrailih, ki ne izginejo in so škodljivi za zdravje ljudi, živali in rastlin. Onesnažujejo pa tudi vodo s toksičnimi snovmi. Nepošteno do prebivalcev Slovenije z vaše strani je, da ljudem ne poveste resnice. Če bi bili chemtraili nenevarni, bi o tem vi spregovorili. Tako pa molčite. Za svoj molk boste kazensko odgovarjali.

Z vaše strani pričakujem bolj jasen odgovor, kot sem ga dobil. Obenem pa tudi analizo vode, tal in vpliva na zdravje ljudi po škropljenju. Kdaj bomo še videli modro nebo brez škodljivega škropljenja, ki se nadaljuje tudi danes?«

Maribor, oktober 2012.

Nadalje sem tudi natisnil, kar je Drago Krempel 21. julija 2010 po elektronski pošti napisal Branku Gregorčiču:

»Lep pozdrav.

Vedno več ljudi pri nas in tudi po svetu opaža, da se na nebu dogaja nekaj, kar se včasih ni, vsaj na tak način ne in ne tako intenzivno. Prebral sem vaš odgovor na te dileme http://www.meteo-drustvo.si/data/upload ... 032010.pdf ko ste kot strokovno primerni podali svoje videnje tega. Sam tekst je jasen iz vaše strani, vendar ni primerno, da se pomisleki mnogih, ki jim ni vseeno, kar se dogaja na našem nebu, tretira kot da imamo neke fobije in strahove pred nekim skrivnostnim dogajanjem, zdaj pa nas boste vi pomirili kot majhne otroke. Nekateri to jemljemo zelo resno, in ker je primerljivo z mnogimi nenavadnimi zadevami, ki so se dogajale tudi pri drugih stvareh (recimo prašičji gripi), obstaja velika možnost, da so naše skrbi tudi utemeljene.

Prebold, oktober 2011.

Ni zdaj naš cilj, da bi teoretsko prepričevali vas, ki se ukvarjate z vremenom, bi pa radi resnično strokoven odgovor, ki bi bil temu primeren. Jaz sem laik in vseeno vem, da smo bili od vas na hitro odpravljeni. Bi bilo zelo narobe, če kot strokovnjak ne bi imeli v sebi vsaj kanček dvoma in zadevo tako čisto mimogrede raziskovali tudi na svojo roko. Tu se ne pogovarjamo o pravljicah, ampak o dejanskih letalih, ki dejansko preletavajo naše nebo v nenormalnih količinah in v nenormalnih višinah. Vas kot vremenarje bi vprašal, ali ste res zmožni sprejeti samo tako enostavno razlago nastanka te nenormalne koprene na nebu, ki lahko normalen dan spremeni v nenormalnega. Bi zmogli iti v zadevo tudi samoiniciativno in se čisto zaradi svojega interesa in potrebe po spoznavanju, lotiti tega raziskovanja. Kaj vas stane, če pogledate malo v nebo tudi zaradi tega. Recimo, poglejte danes, ko je spet katastrofa. Špricajo za naprej in za nazaj. Ne bom vam dokazoval, ali je to res špricanje ali ni, vi nam morate dokazati, da ni. Vi imate vpogled in znanje, da ugotovite, kakšni so bili vremenski pogoji včeraj in kakšni so danes, da povzročajo izpušni kaos. Že preprosti um bo hitro našel povezave v nenormalnem dogajanju. Naš nestrokovni pogled v naše današnje nebo nam pravi, da bi se želel motiti, ker pogled ni prijeten. Res si želim, da bi imeli vi prav. V pričakovanju odgovora vas lepo pozdravljam. Drago Krempel«

Drago Krempel, pomemben borec proti chemtrailom.

In, kar mu je znani vremenar odgovoril:

»Spoštovani,

vsekakor je v življenju treba misliti s svojo glavo in ne sprejeti vseh informacij kot "zveličavnih". A to velja na vseh nivojih, tudi pri "teorijah zarote"....

Slovenska meteorološka služba žal ne razpolaga s tehnično opremo in sredstvi, da bi izvajala posebne meritve v višjih predelih atmosfere. Poskusili bomo preveriti pri kolegih v večjih evropskih meteoroloških službah, ali so kakor koli raziskovali na tem področju, čeprav bi takšne informacije gotovo že našle pot do nas, če bi obstajale.

Smo pa mnenja, da bi prelete neznanih letah prva detektirala naša Kontola zračnega prometa, zato vam predlagamo, da iščete informacije predvsem tam.

Prav lep pozdrav,
Branko Gregorčič, univ. dipl. meteorolog,
koordinator za stike z javnostjo in uporabniki,
Agencija RS za okolje,
Urad za meteorologijo«

Branko Gregorčič z drago tehniko, kupljeno z davkoplačevalskim denarjem, menda ne »seže« niti do 6.000 metrov...

Nisem seveda zmogel, da bi ne natisnil še enega Kremplovega dopisa z dne 17. julija 2010:

»Spoštovani gospod Gregorčič, opažam, da sploh niste razumeli mojih dilem in vprašanj. Ne vem, ali se pogovarjam z zrakom ali s

študiranim človekom. Če mi preprosti človek reče, "ti, poglej kakšno čudno nebo, tega včasih sploh ni bilo", zakaj istega neba ne opazi strokovnjak?! Pa kaj je z vami, ljudje, ali sploh niste za nobeno rabo več, ampak, samo še za poneumljati in živeti v svojem in tujem poneumljanju?! Skratka, da ne bom preveč zašel, dal sem vam možnost in je niste pravilno izkoristili.

Kaj mi pomagajo vaše obljube, ki so podaljševanje agonije, ko odgovore že itak poznamo. Spoznali smo tudi vašega in izkoristili kanček upanja, da nas boste presenetili. Vendar ni šlo. To prvo je moj čustveni odziv. Če se vam zdi, da nisem bil tako prijazen in spoštljiv kot vi do mene, pojdite globoko v sebe in se vprašajte, koliko je bila vaša pozitivnost iskrena ob dejstvu, da imam informacije, da vam je problem letalskih kemijskih izpuhov znan, ter da zavestno in javno zakrivate oči pred nenormalnim pojavom na nebu in nam po televiziji perete možgane z napovedjo jasnega vremena brez oblačka. Kdaj vam bo "jasno", da je taka retorika vseh, ki sodelujete pri tem, grožnja za zdravje nas vseh?! Lep pozdrav.«

Miklavž pri Taboru, oktober 2011.

V torbici sem imel na papirju tudi takšno prorežimsko objavo, kot je denimo tale z dne 3. marca 2010, sem že pozabil, s katere že internetne strani:

»Chemtrails: zarota ali mit?

V javnosti vedno znova krožijo namigovanja, da skozi izpuste letal središča moči razširjajo kemikalije z namenom doseganja strateških ciljev. Stroka to odločno zavrača.

Bralka nas je v pismu posvarila, da je zadnjo februarsko soboto na jasnem nebu nad Piranom skozi sončna očala opazila nenavadno mavrico – brez sončnih očal je ni bilo moč videti. Prepričana je, da je bil to lom svetlobe na kemičnih delcih, s katerimi naj bi bilo prežeto nebo. Spomnila se je sporočil z navedbami nekaterih spletnih strani in člankov iz tiska, ki jih je v zadnjih letih nekajkrat prejela, in je s to vsebino povezala tudi svoje zdravstvene težave.

"Viroza brez vročine se je prelevila v bronhitis in po šestih tednih še nisem popolnoma zdrava," je zapisala in vzroke pripisala kemikalijam, ki jih z letali spuščajo v zrak, da bi zmanjšali ogrevanje ozračja. Krivec za njeno bolehanje in tudi ekstremne vremenske spremembe te dni so, vztraja bralka, chemtrails.

Pojem Chemtrail je nastal leta 1996 iz angleških besed za kemično sled (Chemical trail). Tega leta so se prvič pojavila namigovanja, da ameriško letalstvo izpušča nad ameriško prebivalstvo strateške snovi skozi izpuste letal, zaradi javnosti neznanih namenov. Tovrstne strahove je pognal tudi takratni dokument univerze ameriškega vojaškega letalstva, v katerem so špekulirali o možnostih nadzorovanja vremenskih pojavov do leta 2025, s čemer bi ZDA ohranile svojo vodilno vojaško vlogo v svetu. Ameriška vojska je omenjeni dokument vsakič do zdaj opredelila zgolj kot fiktivni scenarij, očitke o uporabi takšnih kemikalij pa odločno zavrnila in označila za prevaro. Toda plaz strahov je bil, kot kaže, nepovratno sprožen.

Na številne podobne očitke, ki so se v zadnjem, skoraj poldrugem desetletju, razširile tudi zunaj ZDA, sta se stroka in oblast vztrajno odzivali enako: bolj zadržani pravijo, da ni znanstvenih dokazov o obstoju takega pojava, odkritejši pa takšno teorijo nedvomno zavračajo.

"Na Umanoteri smo pred tremi leti po svojih kontaktih v Evropi preverjali navedbe o teoriji Chemtrails in izkazalo se je, da skoraj nobena velika okoljevarstvena organizacija ni našla nobenih resnih indicev, da gre za resnično grožnjo," nam je odgovorila mag. Vida Ogorelec Wagner, direktorica Umanotere, slovenske fundacije za trajnostni razvoj. Prepričana je, da bi bilo bolje energijo usmerjati na resnične okoljske grožnje, saj je že z njimi preveč dela.

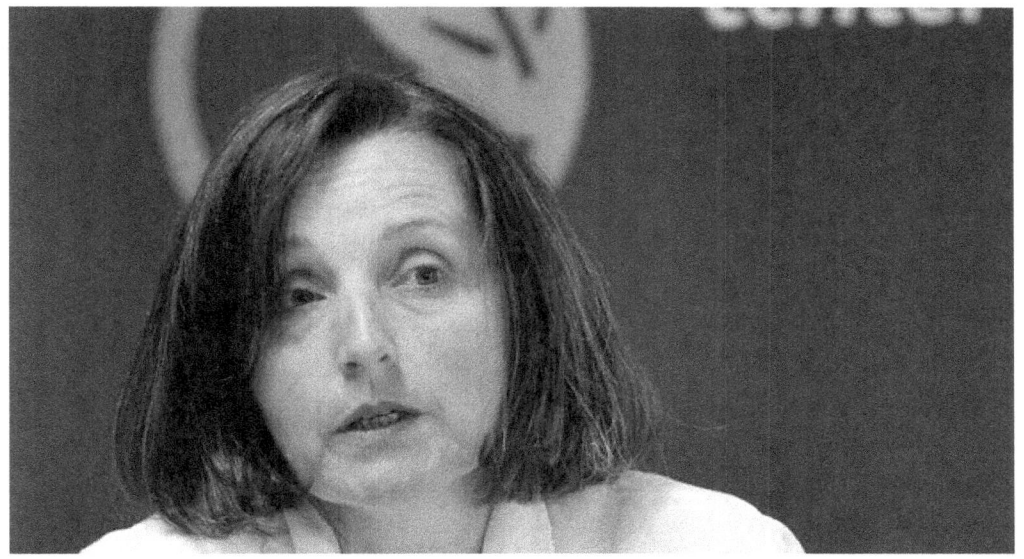

Vida Ogorelec Wagner.

Še odločneje nenaklonjen teoriji Chemtrails je mag. Mišo Alkalaj, vodja centra za mrežno infrastrukturo na ljubljanskem Inštitutu Jožef Stefan, ki se je v svojem bogatem publicističnem delu velikokrat spopadel tudi s to problematiko.

Mag. Mišo Alkalaj.

"Pri nas je vse malo v zamudi, tudi ta zgodba je že stara. Edini dokaz, ki ga zagovorniki ponujajo, so razlike v kondenzacijskih sledeh, pri tem pa pozabljajo, da to nima nič zveze s tem, kaj je v izpuhu, kaj je v sledi. Na sled vplivajo vlažnost, temperatura in veter – to je to," je prepričan Alkalaj, ki je tudi sam opazoval sledi letal in je razlike vedno pripisal (prihajajočim) vremenskih spremembam in razlikam v mikroklimi na različnih poteh letal. "V Egiptu ni nobenih sledi, ker je tako zelo suh zrak," podkrepi svoje ugotovitve.

"To je bolezen, kako se te teorije zarote primejo. Ljudem dobro zvenijo, ker izhajajo iz sicer pravilne predpostavke, da vlade želijo državljane ogoljufati, od njih dobiti denar – a to običajno počnejo na načine, ki si jih ne predstavljamo." Zagovornike teorij zarote je težko prepričati v nasprotno, opozarja Alkalaj, češ da drugače misleče takoj opredelijo za plačance, zaroto pa kot zelo uspešno prikrito.

V bližini Mengša, 12. oktober 2011.

Teorija Chemtrails je, trdi Alkalaj, podobno neutemeljena, kot teorija antropogenega ogrevanja, po kateri naj bi bilo ogrevanje posledica predvsem človekove dejavnosti. "Res je, da so se temperature dvignile, res je, da so se koncentracije ogljikovega dioksida v ozračju povečale, res je, da so se izpusti povečali zaradi človekove dejavnosti – toda kdo pravi, da je to troje povezano? Zato so zagovorniki antropogenega ogrevanja izpustili srednjeveško toplo obdobje, ko se je to zgodilo brez človeških izpustov."

Želja po nadzorovanju vremenskih razmer gotovo obstaja, kar smo videli, denimo, pri olimpijskih igrah v Pekingu, smo spomnili

Alkalaja, ki pa v tem ne vidi možne povezave s teorijo Chemtrails. "Res je, v Pekingu so to počeli. Povsod obstajajo prevalentni vetrovi, ki prinašajo vlažen zrak, in z zdrobljeno soljo se lahko vpliva na predčasno doseganje kondenzacije. Toda to so ogromne naložbe, ki zahtevajo nenehno delovanje in velike vložke energije, vse to, da bi dosegli kratkotrajne učinke na majhnem prostoru; potrebne so ogromne količine in so s tem že poskusili ustaviti orkane, pa preprosto ne gre. Američani so pred desetletji poskusili z zdrobljeno soljo in s srebrovim jodidom, a je učinek, velikim količinam navkljub, bil praktično nič, vremenskih pojavov niso opazno spremenili ali ustavili, le malo so premaknili kondenzacijo."

Teorije, da bi kemikalije s strateškim namenom dodajali v letalsko gorivo, pa preprosto ocenjuje kot nesmiselne. "Goriva za vojaška letala sicer imajo z aromatskimi spojinami bogat dodatek, ker morajo zdržati višjo kompresijo. Pri teh letalih je zaradi pomena pospeška izgorevanje goriva manj pomembno in tudi neučinkovito, zato je sled za vojaškim bombnikom črna. Potniškim letalom je učinkovitost izgorevanja pomembna, nimajo potrebe po visokih kompresijah in visokih pospeških, zato v njihovem gorivu ni takšnih dodatkov, odpadni produkti izgorevanja pa so ogljikov dioksid in vodna para. To je vse, kar se dogaja z izpusti letal, vsi drugi pojavi s sledjo, kako se širi ali nastane oblak in podobno, pa so povezani izključno z vetrom, vlažnostjo in temperaturo."«

Mengeš, oktober 2011.

Ja, o zlasti o takšnih bedarijah, spravljenih na papirju, sem razmišljal, ko je moja 155-ka požirala avtocestne kilometre proti vzhodu… Bolj ko pa sem se približeval moji čudni državi, bolj me je imelo, da bi z njo za en dan še počakal. Tako sem tam nekje pred Palmanovo zapustil A4 in se po A 23 zapodil proti severu. V hipu sem se namreč odločil, da imam priložnost, da tiste stotake v žepu pomnožim ali izgubim v kockarnici. Ne italijanski, ampak v avstrijski…

Besedica-dve o avtorju

Glede na to, da Franc Furland nerad govori o sebi, je mogoče, tudi s pomočjo Googla, ugotoviti, da se je rodil v Celju, ko je na koledarju veljal datum 30. junij 1964. Kot kaže, je po osnovni izobrazbi univerzitetno diplomirani obramboslovec, ki je študiral tudi sedmo silo, pred tem pa je bil očitno sedem-osem let v Jugoslovanski ljudski armadi. Z novinarstvom se je aktivno ukvarjal od začetka 90-ih, izgleda z vsemi področji t. i. družbenega življenja, največ pa z gospodarstvom in financami. Čeravno ga poslovni imeniki še vedno poznajo s statusom samostojnega novinarja, ni več mogoče v slovenskih medijih opaziti nobenega njegovega prispevka. Kar da vedeti, da se je umaknil v zasebnost oziroma na Ljubno ob Savinji, kjer od časa do časa napiše kakšno knjigo.

CHEMTRAILI SO NAD NAMI

Zgodba o razkrivanju prikrite
resnice o globalnem zločinu
s kemijo v atmosferi – 2. del

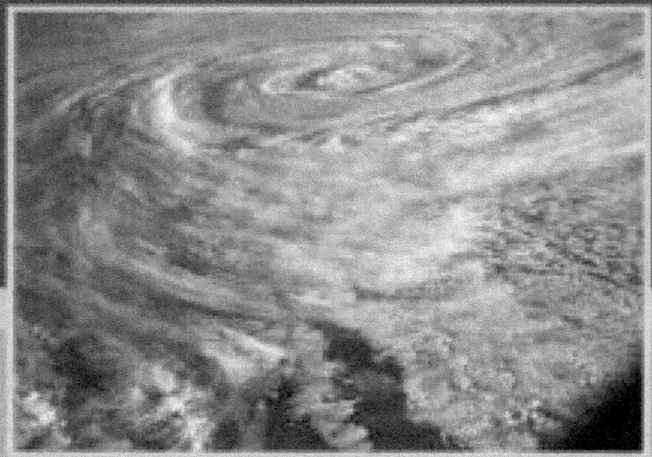

Franc Furland

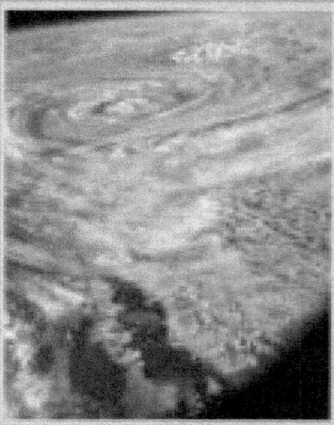

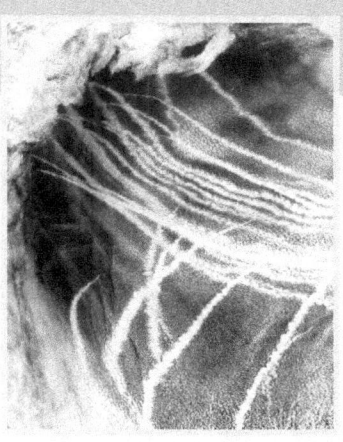

CHEMTRAILI SO NAD NAMI

Zgodba o razkrivanju prikrite
resnice o globalnem zločinu
s kemijo v atmosferi - 3. del

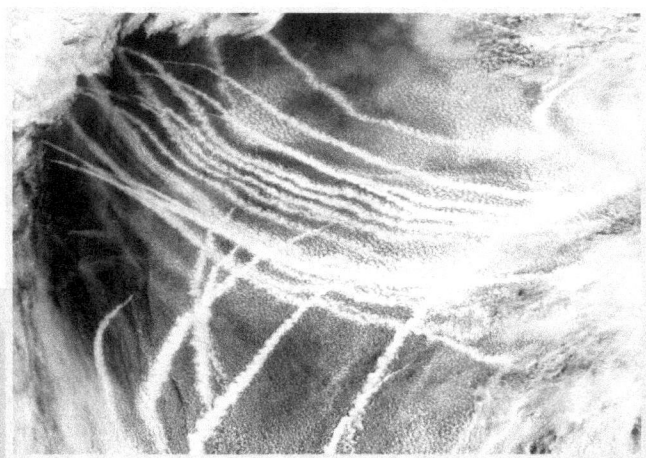

Franc Furland

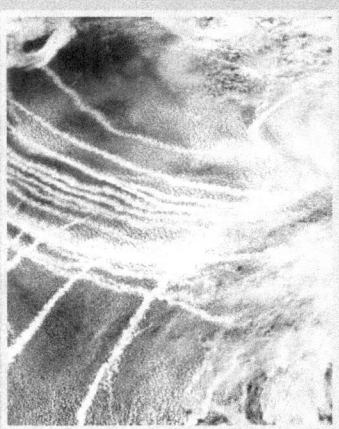

PRVI   PRIMER   ANCIJA
SOLANA, KI MU JE ŽAL, DA
JE POSTAL - NOVINAR.

NEPTUNOV
MRK
Zgodba o varovanju najstrožje
vojaške tajnosti SFRJ

FRANC FURLAND

Depresija celibata in zdravljenje e-mailov

Franc Furland

OD KOPJA IN SEKIRE DO BAJONETA IN GILJOTINE

Franc Furland

STRATEGIJA V OBDOBJU

FEVDALIZMA

Zaklonišča proti koncu sveta

Zgodba o razkrivanju tajnih podzemnih gradenj evropskih
vlad, ki naj bi svetovne elite zaščitile pred apokalipso

Franc Furland